Kursbuch 189
Lauter Lügen

ClimatePartner °
klimaneutral

Druck | ID 11244-1702-1001

Das Kursbuch erscheint viermal im Jahr.
Das Heft kostet einzeln € 19,–
Das Jahresabo (4 Ausgaben) kostet € 60,–
Im Internet: https://kursbuch.online

Sven Murmann Verlagsgesellschaft mbH
Miramar-Haus, Schopenstehl 15, 20095 Hamburg
Tel. 0 40/39 80 83-0
V.i.S.d.P.: Peter Felixberger
© 2017 Sven Murmann Verlagsgesellschaft mbH, Hamburg

ISBN 978-3-946514-45-9
ISSN 0023-5652

Herstellung und Gestaltung: Murmann Publishers GmbH, Hamburg
Druck: Steinmeier GmbH & Co. KG, Deiningen
Printed in Germany

Zuschriften bitte per Mail an: kursbuch@kursbuch.online
Abonnenten-Service: abonnements@kursbuch.online
Pressevertrieb: PressUp GmbH, Wandsbeker Allee 1, 22041 Hamburg. www.pressup.de

Armin Nassehi
Editorial

»Er lügt wie gedruckt« – das Urteil, das sich in diesem Sprichwort ausdrückt, ist erst auf den zweiten Blick plausibel. Mündlich zu lügen, müsste viel einfacher sein, weil der Sprechakt in dem Moment verschwindet, in dem er ausgesprochen wurde. Der mündliche Alltag ist ja geprägt davon, dass wir uns irgendwie durch Bewährungsräume hindurchlavieren, in denen es darauf ankommt, mit möglichst wenigen sozialen und physikalischen Kollisionen durchs Leben zu kommen. Dabei das Gesagte an Erwartungen, an Situationen, an Erfolgsbedingungen, auch an taktvolle Unwahrheiten anzupassen, ist unvermeidlich. Sollte es also heißen: »Er lügt wie gesprochen«?

Dass die Lüge eher in gedruckter Form auftaucht, liegt wohl daran, dass es erst die Schrift ist, die so etwas wie Wahrheitsansprüche formulieren kann – Wahrheitsansprüche, die kontextübergreifend auch für andere Situationen gelten als die, während derer der Satz geschrieben wurde. Wahrheit ist ein Schriftkorrelat – weil man eben auf das festgelegt werden kann, was man geschrieben hat. Beim Sprechen bedarf es der Erinnerung, die sich ihre Wahrheit bekanntlich performativ so zurechtlegen kann, dass die Dinge dann doch passen. Und mündliche Kommunikation kann sich zunutze machen, dass es unpräzise bleibt. Das Schriftliche wird zur Präzision gezwungen – wenigstens prinzipiell. Und deshalb fällt die Lüge – oder das, was wir dafür halten – auch an der schriftlichen Form eher auf. Und vielleicht hat es der politische Populismus deshalb auch so leicht, im konkreten Moment mündlich zu lügen und damit durchzukommen, zugleich aber auf das Geschriebene zu verweisen, dem die Lüge schon dadurch anhaftet, dass es Wahrheitsansprüche formuliert. Die Lügenpresse hat es schwerer als der Lügensprecher.

Dieses *Kursbuch* liegt in gedruckter Form vor. Es wird also auf Präzision festgelegt und vermeidet daher in seinen Beiträgen eine allzu tugendhafte Selbstfestlegung darauf, nur die Wahrheit zu sagen. Die Beiträge befassen sich vielmehr damit, in welcher Gestalt der Vorwurf der Lüge oder des flexiblen Umgangs mit Wahrheiten – was immer das sei und welcher Art auch immer – erhoben wird und in welchen Konstellationen die Unterscheidung von Wahrheit und Lüge überhaupt auftaucht.

So zeigt etwa Matthias Hansl in seinem Beitrag, dass der politische Lügner durchaus einen Nerv, vor allem aber den richtigen Ton trifft. Der Vorwurf der Lüge ist performativ sehr wirksam. Ähnlich weist Barbara Zehnpfennig darauf hin, dass wir uns an die Relativierung der Wahrheit gewöhnt haben, nicht aber an eine ähnliche Relativierung der Lüge. Nur die Ideologen könnten klar zwischen politischer Wahrheit und Lüge unterscheiden – alles andere finde in einem schwierigen Graubereich statt. Für diese performative, vor allem orale Seite der Lüge interessiert sich mein eigener Beitrag – »oral« nicht psychoanalytisch gedacht, sondern medial. Jan-Werner Müller lotet das Verhältnis von Populismus, Demagogie und Lüge aus. Keineswegs sei der Populismus stets eine Lüge. Aber, so Müllers These: Die eine große Lüge, nämlich die, dass es ein homogenes Volk mit einem authentischen Willen gebe, ziehe kleinere Lügen nach sich. Die fast ironische Diagnose lautet also, dass der Populist lügen muss, um konsistent bleiben zu können.

Ludger Heidbrink und Alexander Lorch beobachten, dass die geradezu überbordende Rede von der Verantwortung in Unternehmen in einer Zeit stattfindet, in der komplexe Organisationen die Verantwortung des Einzelnen geradezu wegarbeiten. Der kommunikative Überschuss an Verantwortung sei damit etwas Postfaktisches. Fritz Breithaupts und Martin Kolmars »kleine Geschichte postfaktischer Autoritäten« beginnt mit der Beobachtung, dass das streng Faktische immer schon die Ausnahme gewesen sei, und in meinem Gespräch mit André Kieserling kommt der schöne Satz vor, von »Lüge« zu sprechen sei oft schon deswegen unangebracht, weil den Leuten mit der Wahrheit nicht wirklich gedient sei. Dieser Satz bezieht sich zwar auf den (therapeutischen)

Umgang mit Lebenslügen, trifft aber tatsächlich die performative, also praktische Seite der Differenz von »Wahrheit« und »Lüge«.

Gerhard Waldherr begibt sich dorthin, wo und worüber man am besten lügen kann, ins Feld nämlich, wie man ethnologisch sagen würde. Er sucht Heimaten, Gelegenheiten, Geschichten, Widersprüche auf an unspektakulären Orten, und zeigt, wie ambivalent sich die Dinge darstellen, wann man sie wirklich darstellen wollte. Dass es ganz unterschiedliche Blicke gibt, die die Dinge wahrheitsgemäß abbilden können, zieht dem Lügenvorwurf den Zahn.

Wie sehr wir uns an die Pluralität von Wahrheiten im politischen Diskurs gewöhnt haben, zeigt Peter Felixberger am Beispiel der öffentlichen Debatte um soziale Gerechtigkeit. Auf den ersten Blick sieht die Debatte aus wie eine Kapitulation vor möglichen Ergebnissen. Aber es hat doch auch eine zivilisatorische Qualität, dass die unterschiedlichen »Semantikcontainer«, wie Felixberger sagt, durchaus einen *modus coexistendi* finden, oder? Ob das gerecht ist? Wenigstens lügt keiner. Oder doch?

Cord Riechelmann sucht nach Potenzialen des Lügens im Tierreich und kommt zu dem Befund, dass es durchaus Täuschungsversuche bei verschiedenen Arten gibt, dass aber die explizite Lüge wohl eine sehr menschliche Erscheinung ist. Eine allzu menschliche, wie man Claudia Pichlers Analyse von Gerhard Polts sensiblen Beschreibungen entnehmen kann. Polt hat die Gabe, auf Selbstbeschreibungen hinzuweisen, die sich selbst dementieren und die das ungewollt Gesagte sichtbar machen. In diesen manchmal tragischen Geschichten ist gar kein Platz und oft auch gar kein Potenzial für die Lüge.

Sind die Fotografien von Walter Schels Lügenbilder? Oder zeigen sie mehr Wahrheit, als man ertragen kann? Sehen Sie selbst.

Wir freuen uns über den nunmehr 17. Brief einer Leserin, diesmal verfasst von Sabine am Orde. Vielen Dank dafür.

Sabine am Orde
Brief einer Leserin (17)

»Mit der Lügenpresse red ich nicht!«, blaffte der Mann und wandte sich brüsk von mir ab. Mit Block und Stift in der Hand war ich auf einem Landesparteitag der AfD an ihn herangetreten und wollte mich gerade vorstellen, da setzte er unserem Gespräch, noch bevor es begonnen hatte, ein jähes Ende. Der Mann wusste nichts über mich, meine Berichterstattung über die AfD oder die Zeitung, für die ich schreibe. Doch offensichtlich war für ihn klar: Wer nicht für AfD-nahe Medien wie die *Junge Freiheit* oder das Magazin *Compact* arbeitet, der verdreht die Wahrheit, der lügt.

Es war bei Weitem nicht das erste und auch nicht das letzte Mal, dass ich bei AfD-Anhängern so aufgelaufen bin. Schön ist das nicht, aber damit lässt sich umgehen. Was mich sorgt: dass ein Teil der Bevölkerung seriös und professionell arbeitenden Medien nicht mehr traut. Dass Rechtspopulisten diese Medien immer weiter diskreditieren. Und damit an einem der Pfeiler der Demokratie sägen. Das ist einer der Gedanken, die mich umtreiben, wenn ich über den neuen *Kursbuch*-Titel *Lauter Lügen* nachdenke. Der, das sei hinzugefügt, in mehrfacher Hinsicht ein Treffer ist zum Auftakt eines Jahres, in dem Donald Trump US-Präsident wird, in Frankreich, den Niederlanden und Deutschland gewählt wird – und in all diesen Ländern der Rechtspopulismus auf dem Vormarsch ist.

Denn Rechtspopulisten bezichtigen zwar andere gerne der Lüge, nehmen es selbst mit der Wahrheit häufig aber nicht besonders genau. Oder, wenn man sich den Präsidentschaftswahlkampf von Trump anschaut: Sie lügen, dass sich die Balken biegen – und ihre Anhänger scheint das nicht zu stören. Als ich jüngst am Rande einer AfD-Veranstaltung gegenüber Parteimitgliedern einwandte, dass es schlicht falsch sei, dass

Flüchtlinge weiterhin in so großer Zahl und unregistriert einreisen, wie es im Sommer 2015 der Fall gewesen war, entgegnete einer von ihnen: »Das glauben Sie? Sie wissen doch, man soll nur der Statistik trauen, die man selbst gefälscht hat.« So einfach geht das. Alles Falschinformationen aus der Lügenpresse oder von der Bundesregierung, die die Bevölkerung ohnehin für dumm verkauft.

Wer wie ich in sozialen Netzwerken wie Twitter und Facebook AfD-Politikern, Neurechten, ihren Anhängern oder auch Pegida-Organisatoren und ihren Fans folgt, wird ständig mit Halbwahrheiten und Hetze konfrontiert. Kürzlich habe ich in einem kleinen Selbstversuch einen Tag lang auf Twitter nur solche Nachrichten gelesen, die aus der rechtspopulistischen Ecke kommen. Im Laufe des Tages hat sich die Welt deutlich verfinstert. Überall bedrohten wahlweise Flüchtlinge oder Linksextremisten den gesellschaftlichen Frieden und die körperliche Unversehrtheit der deutschen Bevölkerung. In besonderer Gefahr: die weißen, deutschen Frauen, wie ich selbst eine bin. Mitschuld daran: die Kanzlerin, die Grünen und Justizminister Heiko Maas. Spätabends blieb ein beklemmendes Gefühl zurück und die bange Frage, wie dies auf Menschen wirkt, die tagtäglich ihre Informationen nur über solche Kanäle beziehen.

Wie der Rechtspopulismus eine solche Deutungs- und Wirkungsmacht entfalten kann, dazu gibt es viele Erklärungsansätze. Selbstkritisch sei hier vor allem eine Frage gestellt: Haben wir, die Verfechter einer weltoffenen, liberalen, solidarischen Gesellschaft, die gesellschaftliche Realität nicht genau genug beschrieben und analysiert? Haben wir Probleme und Konflikte, die es in der globalisierten Einwanderungsgesellschaft gibt, deutlich genug benannt? Oder haben wir aus Sorge, dies könnte dem politischen Gegner nutzen, einen Teil der Realität ausgeblendet? Also wichtige Fragen nicht gestellt und die entsprechenden Antworten nicht gegeben? Und damit Platz gelassen für die einfachen Antworten der Rechtspopulisten, die Flüchtlinge und Migranten zu Sündenböcken erklären und rassistische Ressentiments mobilisieren und schüren?

Was genau geschah in der Kölner Silvesternacht vor einem Jahr? Und was in dieser? Was bedeutet es für die Gesellschaft, wenn hunderttausende Flüchtlinge kommen? Könnten Terroristen unter ihnen sein? Das sind einige der Fragen, mit denen wir uns – zwar nicht alle und immer, aber doch – schwertaten.

Für den Kampf gegen Rechtspopulismus heißt das: Wir müssen genau hinsehen, benennen und erklären, was passiert. Wir dürfen nicht wegschauen, nicht beschönigen, nicht vereinfachen. Die Welt ist komplex und muss auch so beschrieben werden.

Wir müssen auch dahin gehen, wo es wehtut. Und unbequeme Fragen stellen. In die Auseinandersetzung ziehen und um Deutungsmacht streiten. Das bedeutet eben nicht, das Geschäft der Rechtspopulisten zu betreiben. Denn wir müssen all dies mit einer klaren Haltung tun: für eine weltoffene und solidarische Gesellschaft. Und damit gegen »Lauter Lügen«.

Matthias Hansl
Lüge, Bluff & Co.
Über das Ende tugenddemokratischer Selbstbeherrschung

Dass falsch gewählt wird, ist mittlerweile kein Alleinstellungsmerkmal einer vermeintlich rückständigen arabischen Welt mehr.[1] Machen wir uns nichts vor: Mit der demokratisch lupenreinen Inthronisierung des New Yorker Immobilienmilliardärs, politischen Quereinsteigers und notorischen Wahrheitsverdrehers Donald J. Trump zum 45. Präsidenten der Vereinigten Staaten ist der liberaldemokratische Westen am Ende einer Politik angelangt, so wie wir sie kennen und sie uns in den Lebensstilfeuilletons der Qualitätspresse lange Zeit schöngemalt haben. Das Ausgangsszenario der trashigen US-Politserie »Designated Survivor« wirkt deshalb wie eine hochaktuelle Groteske. Der Hollywoodstar Kiefer Sutherland verkörpert darin Tom Kirkman, den gleichermaßen smarten wie sympathischen Typ von nebenan, der als kompetenter und prinzipientreuer Sozialpolitiker im Washingtoner Politdschungel bisher nicht über den vergleichsweise bedeutungslosen Posten als Minister für Wohnungsbau und Stadtentwicklung hinausgekommen ist.

Kirkman wurde vom amtierenden Präsidenten zu allem Überfluss gerade auch noch politisch kaltgestellt, weil er es sich mit der reformresistenten Ministerialbürokratie verscherzt hat, und steht deshalb kurz vor seiner Entlassung aus dem Kabinett. Anders als sein machiavellistisches Pendant Francis Underwood (alias Kevin Spacey) in der Erfolgsserie »House of Cards« nimmt Kirkman seine Degradierung sportlich und freut sich auf mehr Zeit mit seiner Familie. Während sich die wirklich wichtige Politelite des Landes im Capitol versammelt, fällt dem künftigen Privatier bei der jährlichen Ansprache zur Lage der Nation durch den Präsidenten nur mehr die historisch bedeutungslose Rolle des *designated survivor* zu, der an einem geheimen und sicheren Ort verweilt, damit er im mehr als unwahrscheinlichen Ernst- und Katastrophenfall als personelle Notlösung kommissarisch die Regierungsgeschäfte übernehmen kann. Wie die sprichwörtliche Jungfrau zum Kind kommt, stolpert Kirkman tatsächlich durch einen hinterhältigen Bombenanschlag, bei dem das Capitol mitsamt der amtierenden Regierung in die Luft fliegt, in das wichtigste politische Amt der westlichen Welt. Kirkman wird Präsident, weil schlichtweg kein anderer übrig geblieben ist.

Die Ironie der Geschichte besteht nun darin, dass die Alternativlosigkeit, die in der liberalen Demokratie ja vermeintlich ein Unding darstellt, dem *land of the free* in diesem fiktiven Fall keineswegs zum Nachteil gereicht. Denn wie es anno 2017 keine demokratische Wahl, sondern nur noch der Zufall wollen kann, navigiert fortan ein Bilderbuchpräsident sein nie zu großes Schiff in aller Besonnenheit durch ein stürmisches Wellenmeer aus zahllosen innen- wie außenpolitischen Krisen. Kirkman ist der perfekte Präsident, eben weil er kein gewählter Präsident ist.

Der Lügner trifft den richtigen Ton

Vor der amerikanischen Präsidentschaftswahl waren sich noch alle einig, größere Aussetzer in der politischen Selbstdarstellung seien in der sensibelsten Mediendemokratie der modernen Welt unweigerlich selbstzerstörerisch. Wer hier in Amt und Würden gelangen will, lautete die rückblickend naive Botschaft, muss über ein Mindestmaß an Stilsicherheit auf politischem Parkett verfügen und doch wenigstens auch den Eindruck erwecken, halbwegs zur rationalen Argumentation fähig zu sein. Als wählbar galt, wer kompetent wirkte, sich nicht blamierte und in der Debatte den richtigen Ton traf. Dafür hatte selbst der personifizierte Ausrutscher George W. Bush ein Gespür, zählte er mitsamt seiner Entourage doch immerhin zum ausgefuchsten Establishment der Republikanischen Partei. Man wusste, wie in Washington die Dinge laufen. Dem Außenminister der Bush-Regierung Colin Powell mussten seine Lügen erst aufwendig nachgewiesen werden, nachdem er vor dem UN-Sicherheitsrat anhand gefälschter Beweise behauptet hatte, Saddam Hussein besitze Massenvernichtungswaffen. Dass die amerikanischen *Neocons* schließlich aufflogen, war auch dem institutionellen Druck einer halbwegs funktionierenden prozeduralen Demokratie geschuldet. Deren Segnungen führte Jürgen Habermas auf einen »sich selbst korrigierende[n] Lernprozess«[2] im Anschluss an die Französische Revolution von 1789 und die seither geschärften Argusaugen der politischen Öffentlichkeit zurück. Auf der entgegengesetzten Seite gingen auch die Apologeten der Staatsräson stets davon aus, dass Lügen zumindest gut kaschiert werden müssen. In der Tradition Machiavellis skizzierten sie den idealen *Homo politicus* als Kreuzung zwischen Fuchs und Löwe: Politischer Erfolg und Durchsetzungsstärke beruhten demnach zu einem guten Teil auf der Einsicht in die Mechanismen eines selbstreferenziellen politischen Betriebs, in dem die Moral, wenn überhaupt, nur eine untergeordnete Rolle spielte.

Mittlerweile liegen die Dinge völlig anders. Eine Revolution ist im Gange, die Idealisten und Realisten gleichermaßen alt aussehen lässt. Lüge, Bluff, Durchtriebenheit und Zynismus werden dabei vom raunenden Demos geradezu offensiv eingefordert und bei ausreichendem Einsatz im Wahlkampf postwendend akklamiert. Die Lüge gehört auf einmal zum guten Ton. Sie ist kein machiavellistisches Mittel der Politik mehr, das man vor den Augen der Öffentlichkeit besser verborgen hält. Durchtriebenheit und Ruchlosigkeit gelten nun als Ausweis von Cleverness. Dieser Trend, in dem ein Bedürfnis nach sofortiger Befriedigung situativer Bedürfnisse zum Ausdruck kommt – man könnte dies auch im Sinne kollektiv-infantiler Regression als Verlangen nach politischer *instant gratification* bezeichnen –, entspringt den Untiefen der Gesellschaft selbst und indiziert einen Verfall bürgerlicher Maßstäbe. Politische Klugheit kann nicht mehr im Modus der *longue durée* gedacht werden, da dies unweigerlich die Tugenden von Abwägen und Kompromiss erfordert. Das unmittelbare Ausagieren politischer Reflexe ist in dem Sinne auf die Lüge angewiesen, um seinerseits das bereits *ad nauseam* erwartbare Argument der Gegenseite zu kontern. Eine gesellschaftliche Konstellation, in der die klassische bürgerliche Gesellschaft zunehmend in fragmentierte Verwalter gesellschaftlicher Pfründe, mit einem Begriff Max Horkheimers, in »Rackets« zerfällt, begünstigt diese toxische Ökonomie politischer Unmittelbarkeit, für welche die Kommunikationstechnologien weniger als Informationsmittel denn als verstärkende Durchlauferhitzer fungieren.

Die neue Kraft der Lüge mutet auf den ersten Blick paradox an. Niemals zuvor war es möglich, so leicht und schnell an Informationen zu kommen, nie war verfügbares Wissen derart ausgereift, breit gestreut und offen zugänglich wie heute. Gleichzeitig verfängt eine postfaktische Politik, die auf bloße Effekte setzt und sich nicht einmal mehr darum bemüht, ihre perfiden Botschaften durch Pseudoargumente abzusichern, bei den demokratischen Massen mehr denn je. Es wirkt gerade so, als stellten Fakten, Argumente und Begründungen für die wahlkämpferisch umworbenen Mehrheiten mittlerweile einen Affront dar. Daran zeigt sich, dass auch der öffentliche Umgang mit der Wahrheit heute den Gesetzen einer »regressiven Modernisierung« unterliegt, die der Sozialwissenschaftler Oliver Nachtwey in seinem Buch *Die Abstiegsgesellschaft* eingehend analysiert hat: Einerseits indiziert das »hohe Maß an Konfabulation, also des pathologischen Glaubens an objektiv falsche Aussagen«[3], dass »Gegenwartsgesellschaften hinter das in der sozialen Moderne erreichte Niveau an Integration zurückfallen«; andererseits werden »wir nicht Zeugen eines eindeutigen Rückschritts hinter das in vermeintlich besseren Zeiten Erreichte«[4], weil das verfüg- und verwertbare Wissen ja tatsächlich anwächst.

Vom rationalen Liberalismus zur irrationalen Demokratie?

Der Publizist und Netzexperte Sascha Lobo, der in den vergangenen Jahren eine erfreuliche Wandlung vom Apologeten einer »digitalen Bohème«[5] zum luziden Kritiker des digitalen Anarchismus durchlaufen hat, bezeichnet den demokratischen Gegenwartsmodus vor dem Hintergrund der Digitalisierung als »Sofortpolitik«. Der rasend schnelle Verfall von Neuigkeiten in der digitalen Demokratie erfordere »die Inszenierung des Augenblicks«, wohingegen »historische, soziale, faktische Hintergründe« immer weniger zählten: »die Wahrnehmung, der ›Social Spin‹ des Moments entscheidet«. Für Lobo markiert die »Sofortpolitik« auch den »Backlash zur Politikverdrossenheit, der inzwischen harmlos wirkenden Geißel der Neunzigerjahredemokratie«. Die optimistischen Zeiten, in denen selbstbewusste Abgeordnete der Piratenpartei ein Loblied auf die *liquid democracy* anstimmten, sind folglich vorbei. Im Gestus eines Tocqueville 2.0 gelangt Lobo vielmehr zu dem pessimistischen Schluss, dass »sich alle in der digitalen Fußgängerzone für Politik [interessieren], aber zu oft auf eine Weise, die unter Demokratie die Diktatur der (vermeintlichen) Mehrheit versteht und unter Mehrheit Lautstärke«.[6]

Letztlich indiziert die postfaktische Politik auch in der von Lobo beschriebenen Variante einer demokratischen »Sofortpolitik« im digitalen Zeitalter einen wiederkehrenden »Zug vom Rationalismus zum Irrationalismus, vom Liberalismus zur Demokratie«[7], wie ihn der antiliberale Staatsrechtler und »Kronjurist des Dritten Reichs« (Reinhard Mehring) Carl Schmitt schon in den frühen 1920er-Jahren diagnostiziert hatte. Dass sich aus seinem Abgesang auf den Liberalismus und die parlamentarische Demokratie Rückschlüsse auf die Gegenwart ziehen lassen, hat auch damit zu tun, dass »der sich heute ankündigende europäische Bürgerkrieg« wie zu Zeiten der Weimarer Republik auf der Folie einer »großen Krise des Liberalismus, diesmal des Neoliberalismus«[8] abspielt. Analog zu Schmitt stellt auch der prototypische neurechte Schwärmer in Europa sich und sein Denken heute offen in den

Dienst eines heraufziehenden Zeitalters des demokratischen Despotismus und stilisiert damit »die Krise der Zeit zum Pathos seines Lebens«[9]. Schmitt wollte die Instabilität des Weimarer Parlamentarismus als Beweis einer gegenaufklärerischen Geschichtsphilosophie verstanden wissen, mit der er seine antihumanistischen, ja bald auch offen antisemitischen Ressentiments rechtfertigte. Dabei lieferte er zugleich eine der wirkmächtigsten Begründungen für das Ende rationaler Begründung in der Politik und erhob das Ressentiment und die mangelnde Urteilsfähigkeit in den Rang demokratischer Grundtugenden. Sein Primat der Demokratie vor dem Liberalismus manifestierte sich nicht zuletzt in der Affirmation einer verrohenden Bürgerschaft, die im »Zeitalter der Extreme« (Eric Hobsbawm) schlichtweg aufgehört hatte, überhaupt noch etwas wissen zu wollen. Schmitts politischer Existenzialismus kann somit als Ideologie der postfaktischen Politik *avant la lettre* bezeichnet werden.

In seiner knappen Broschüre *Die geistesgeschichtliche Lage des heutigen Parlamentarismus* stellte er schon im Jahr 1923 die Prognose auf, der liberale Rationalismus ende bald »in einem Fieber, und unmittelbar vor sich sieht er nicht mehr das idyllische Paradies, das der naive Optimismus der Aufklärung […] vor sich sah«, sondern »eine furchtbare Negation«[10]. Bolschewismus und Faschismus traten zu dieser Zeit gerade ihren Siegeszug an. Deshalb musste sich jemand wie Schmitt in der instabilen Weimarer Republik regelrecht dazu ermuntert fühlen, die dumpfe Volksbewegung gegen das aufklärerische Erbe des klassischen Liberalismus auszuspielen. Wie er ausführte, hatte die kurze Hochphase der parlamentarischen Demokratie – die ihre besten Zeiten bekanntlich noch vor sich hatte – auf dem kollektiven Glauben an die Prinzipien der öffentlichen Deliberation und der Gewaltenteilung beruht. Diese geistesgeschichtlichen Fundamente implizierten laut Schmitt für die politische Entscheidungsfindung »die Vorstellung einer gewissen Konkurrenz, aus der sich als Resultat das Richtige«[11] ergebe. In Anlehnung an Max Webers Legitimitätsbegriff postulierte Schmitt sodann einen unauflöslichen Funktionszusammenhang zwischen dem kollektiven Glauben an die kritisch-rationalistische, relativistische Geisteshaltung der Aufklärung einerseits und einer parlamentarischen Praxis andererseits, für die dieses geistige Fundament überlebenswichtig gewesen sei. Folgen wir seiner Argumentation weiter, lag das Hauptproblem der parlamentarischen Demokratie nun in einem Grundwiderspruch, der diese von Anbeginn begleitet habe, aber erst jetzt, am Ende eines liberalen »Zeitalters der Entpolitisierungen und Neutralisierungen«[12], seine volle Sprengkraft entwickle. Die in der Öffentlichkeit und im Parlament ermittelte »Veritas« qualifizierte er dabei unumwunden als »etwas Intellektualistisches« ab, um sie in ein unauflösliches Spannungsverhältnis zur exekutiven »Auctoritas«, »die wesentlich auf Handeln angewiesen«[13] sei, zu stellen. Solange das »Gerechtigkeitsgefühl einer ganzen Epoche« noch auf den geistesgeschichtlichen Grundlagen des Parlamentarismus, auf öffentlicher Deliberation und Gewaltenteilung beruht hatte, konnte dieser Widerspruch Schmitt zufolge latent gehalten werden, ja die Liberalen hätten sogar geglaubt, »die bloß tatsächliche Macht und Gewalt [...] überwinden und den Sieg des Rechts über die Macht herbeiführen zu können«.[14] In der auf Propaganda und Personenkult ausgelegten, irrationalen Massendemokratie seiner Zeit sah Schmitt die komplizierte liberale Wahrheitssuche, diese rationalistische »Balancierung der Meinungen in öffentlicher Rede und Gegenrede«, nun aber endgültig an ein Ende kommen und bezeichnete die parlamentarische Öffentlichkeit deshalb kurzerhand als »Fassade«.[15]

Schon in der *Politischen Theologie* hatte er bemerkt, dem Parlamentarismus »im Zeitalter einer intensiven Verkehrswirtschaft«, in dem »der Verkehr in zahllosen Fällen häufig weniger Interesse an einem bestimmt gearteten Inhalt als an einer berechenbaren Bestimmtheit«[16] habe, keine Überlebenschancen einzuräumen. Die Zeichen der Zeit lehrten doch, dass es nicht länger darauf ankam, wie über etwas, sondern allein dass entschieden wurde. Die öffentliche Suche nach guten Gründen galt Schmitt nur mehr als Überbleibsel einer liberalen Schönwetterphase im 19. Jahrhundert, die Institutionen der parlamentarischen Demokratie kamen ihm folglich »wie eine überflüssige Dekoration, unnütz und sogar peinlich« vor, so »als hätte jemand die Heizkörper einer modernen Zentralheizung mit roten Flammen angemalt, um die Illusion eines lodernden Feuers hervorzurufen«[17]. Auf die an ihrem eigenen institutionellen Grundwiderspruch zwischen Wahrheit und Macht zugrunde gehende parlamentarische Demokratie musste in den Augen des konservativen Gegenrevolutionärs eine in der charismatischen Figur des Reichspräsidenten inkarnierte »plebiszitäre Führerdemokratie« (Max Weber) folgen. Dieser Hegelianismus von rechts war die antiszientistische Version der naturalistischen Geschichtsphilosophie des orthodoxen Marxismus. Während der politische Existenzialismus in der Tradition von Marx immerhin noch versuchte, den Gang der Geschichte zur Diktatur des Proletariats pseudowissenschaftlich zu begründen, gebärdete sich Schmitt hingegen gleich als volksnaher diabolischer Beschwörer eines postfaktischen Zeitalters der identitären Demokratie.

Auf verlorenem Posten: Aufklärer in der erschöpften Aufklärung

Damit sich Schmitts selbsterfüllende Prophezeiung nun nicht wiederholt, richtete der renommierte Historiker und Totalitarismus-Experte der Yale University Timothy Snyder unmittelbar nach dem überraschenden Ausgang der US-Präsidentschaftswahl einen leidenschaftlichen Appell an seine amerikanischen Landsleute und leitete seinen Facebook-Post vom 15. November 2016 mit der geschichtsträchtigen Bemerkung ein, die Amerikaner seien zwar »nicht klüger als die Europäer, die ihre Demokratien Faschismus, Nazismus und Kommunismus Platz machen sahen«, besäßen aber den entscheidenden Vorteil, aus der europäischen Geschichte »lernen zu können«. In seiner darauffolgenden Anleitung »zur Bewahrung der Freiheit in der Unfreiheit« in 20 Punkten beziehen sich zwei seiner besseren Vorschläge auf den richtigen Umgang mit Trumps postfaktischem Politikstil, der von dessen

Chefberater Stephen Bannon, dem ehemaligen Betreiber der verschwörungstheoretischen rechten Nachrichtenplattform *Breitbart News*, im Wahlkampf gegen die demokratische Präsidentschaftskandidatin Hillary Clinton perfektioniert worden ist.

Snyder verkörpert den prototypischen amerikanischen Linksliberalen, der gegen den Trumpismus auf die klassischen Kontrollmittel der Aufklärung und republikanische Tugendhaftigkeit setzt. An achter Stelle seines Anti-Trump-Katalogs legte er seinen Lesern einen emphatischen Gestus der Aufklärung ans Herz, um den wahrheitsfeindlichen Narzissmus des drohenden Cäsars vom Tage seiner Vereidigung an zu unterlaufen:»Glauben Sie an die Wahrheit. Sich von der Wahrheit abwenden heißt sich von der Freiheit abwenden. Wenn nichts wahr ist, lässt die Macht sich nicht kritisieren, weil es keine Grundlage für diese Kritik gibt. Wenn nichts wahr ist, ist alles Spektakel. Und die dickste Brieftasche bezahlt die blendendsten Scheinwerfer.« Gleich darauf empfahl Snyder die dazu passende investigative Haltung:»Gehen Sie den Dingen auf den Grund. Verwenden Sie mehr Zeit auf lange Artikel. Unterstützen Sie den investigativen Journalismus, indem Sie Printmedien abonnieren.« Abschließend forderte er seine Landsleute noch offen dazu auf, in diesen schwierigen Zeiten»ein Patriot« zu sein:»Der neue Präsident ist das nicht.«[18] Am 31. Dezember 2016, dem Ende eines politischen Seuchenjahrs, auf das ein regelrechtes Schicksalsjahr zu folgen droht, drückte der *President-elect* in seinen via Twitter ausgesandten Silvestergrüßen in hämischer Manier aus, dass er sich dem Alarmismus liberaler Ostküstenintellektueller vom Schlage Snyders durch sein demokratisches Mandat längst enthoben fühlte:»Happy New Year to all, including to my many enemies and those who have fought me and lost so badly they just don't know what to do. Love!«[19] Snyder konterte am 3. Januar 2017 über Twitter, seine Facebook-Intervention trage bereits Früchte, weil sich das amerikanische Volk längst mit einschlägigen Bücherkäufen gegen den drohenden Autoritarismus wappne:»Americans are getting ready: right now Orwell's 1984, Huxley's Brave New World, and Bradbury's Fahrenheit 451 are all bestsellers on Amazon.«[20]

In Snyders sympathischem Pfadfinderaktivismus wirkt die Aura des Postfaktischen letztlich wie eine fremde Macht, die gewissermaßen von außen über eine unschuldige demokratische Bürgerschaft hereinbricht. Es bleibt indes zu befürchten, dass er mit dem Demos, der bekanntlich nicht nur Bücher liest, auf das falsche Pferd setzt. Denn die Gründe für die Wiederkehr des demokratischen Narzissmus liegen nicht zuletzt in der prinzipiellen Erschöpfung einer liberalen Aufklärung, die sich zu Tode aufgeklärt hat. Der zeitgenössische Roman fungiert im besten Fall als literarische Verdichtung einer solchen epochalen Zäsur. Dazu muss es dem Autor gelingen, aus moralinsauren Abziehbildern, den »Charaktermasken« im marxschen Sinne, waschechte Figuren zu entwickeln, in deren Gedankenspielen und Dialogen die drängenden Fragen der Zeit zum Leben erweckt werden. Der Schweizer Schriftsteller und Philosoph Jonas Lüscher hat in seinem schwarzhumorigen Debütroman *Kraft* kürzlich den kunstvollen Drahtseilakt vollführt, das Ende der liberalen Aufklärung in der Figur seines Protagonisten Richard Kraft anzukündigen und mit den uneingelösten Versprechen der Sozialdemokratie und des Neoliberalismus politikgeschichtlich zu verknüpfen. Der Tübinger Rhetorikprofessor Kraft steht dabei gewissermaßen stellvertretend für den aussichtslosen Versuch, dem Verlust der sinnerfüllten Wirklichkeit im postdemokratischen Finanzmarktkapitalismus des 21. Jahrhunderts noch mit den bewährten Mitteln der systematischen Theologie und politischen Philosophie beizukommen.

Der einstmals glühende Verfechter der neoliberalen Wende Margaret Thatchers und Ronald Reagans ist mittlerweile in die Jahre gekommen und reist an die Stanford University, um an einem hoch dotierten Essaywettbewerb teilzunehmen, den ein windiger Philanthrop und vormaliger Finanzspekulant namens Tobias Erkner ausgelobt hat. Erkner erhofft sich von einigen ausgewählten Fachmenschen des Geistes hochtrabende Antworten auf die letztlich tautologische Preisfrage, warum die Welt gut ist, so wie sie ist. Für den gewieften Argumentationsprofi Kraft eigentlich eine lösbare Aufgabe, würde man denken. Doch dem weltpolitisch ernüchterten und privat zudem völlig ausgelaugten Professor fehlt mittlerweile schlichtweg die ideologische Verve aus vergangenen Tagen, die ihn dazu in die Lage versetzt hätte, Erkner nach dem Mund zu reden und zu einer halbwegs überzeugenden Apologie des Status quo auszuholen. Seine einzige Motivation zur Teilnahme am Preiswettbewerb war die beträchtliche Siegprämie von einer Million US-Dollar, mit der er sich von seiner frustrierten Ehefrau im heimischen Tübingen freikaufen will. Dass Kraft am Ende auf ganzer Linie scheitert, liegt an seiner himmelschreienden Ohnmacht, die argumentativen Versatzstücke seiner alten Schriften überhaupt in eine einigermaßen kohärente Form zu bringen, um der postliberalen Geschichtsphilosophie Erkners doch wenigstens noch aus strategischen Gründen gerecht zu werden. Erkners Forderung, sich nach den »fatalen Zeiten des unkonkreten Optimismus«, in denen »der Anwalt und der Banker die Leitfiguren« gewesen seien, auf einen »konkreten Optimismus« zu besinnen und wieder »an eine planbare Zukunft« zu glauben, zeugt von einem absurden Ideen-Recycling. Ins kalifornische Silicon Valley sind die schal gewordenen Ideen des technokratischen Konservatismus eingezogen. Erkner begibt sich auf den Friedhof der Geistesgeschichte, um die comtesche Utopie von der illiberalen Herrschaft des Positivismus wieder auszugraben: »am Ende dieser Kulturrevolution, mit der der Mensch das Joch des Zufalls abschütteln werde«, so lässt Lüscher den Investor vollmundig prophezeien, »werde wieder der Ingenieur die Speerspitze der Menschheit bilden«[21].

Die von Lüscher karikierten Fantasien der Tech-Hipster im Silicon Valley erscheinen genauso illusorisch wie die technokratische Planungseuphorie der industriellen 1960er-Jahre. Wie kommt es aber, dass die neuen Informations- und Kommunikationstechnologien die noch in den 1990er-Jahren euphorisch an sie gerichteten Erwartungen nicht nur nicht erfüllen konnten, sondern gegenwärtig vielmehr im Dienst der Erosion liberaldemokratischer Prozesse und eines zunehmend aggressiv perennierenden lebensweltlichen und politischen Narzissmus stehen? Exemplarisch für die erschöpften Utopien der Tech-Economy lässt sich nicht nur das nachlassende Innovationspotenzial von Konzernen wie Apple nennen, dessen jüngste Gadgets eher wie überflüssig groteske Spielzeuge denn Versprechen für einen besseren Alltag anmuten. Auch eine Figur wie der schillernde *Breitbart*-Starautor Milo Yiannopoulos ist gewissermaßen ein biografisches Exempel der in ihr Gegenteil umschlagenden kommunikativen Utopien. Der glamourös und ganz und gar nonkonformistisch-narzisstisch auftretende Brite ist bekennend homosexuell und katholisch und gründete nach einem abgebrochenen Cambridge-Studium zunächst das Online-Tech-Magazin *Kernel*, das er mittlerweile gewinnbringend weiterverkauft hat. Heute leitet er das Tech-Ressort von *Breitbart News*. Yiannopoulos, der sich selbst als *cultural libertarian* bezeichnet, könnte gewissermaßen ein Posterboy der *New Economy* sein, wären da nicht sein Engagement für Donald Trump und sein leidenschaftlicher Feldzug gegen die politische Korrektheit, die Lüge der Gleichberechtigung, den Feminismus und überhaupt den verweichlichten westlichen Liberalismus.

Zugleich erklärt er der Putin-Plattform *Russia Today* auf Nachfrage gerne, warum Trump der »most gay-friendly candidate« sei und ein verschärftes Waffenrecht nach dem islamistischen Massaker von Orlando zu weniger Sicherheit für Homosexuelle führen würde. Der von einer wachsenden Anhängerschar kultisch verehrte *Breitbart*-Autor weiß sich dabei auch der Waffen seiner vermeintlichen politischen Gegner geschickt zu bedienen. Der Präsident der DePaul University in Chicago entschuldigte sich bei Yiannopoulos, nachdem dessen Auftritt an der Uni im Rahmen seiner »Dangerous Faggot Tour« von *Black Lives Matter*-Aktivisten gestört worden war. Yiannopoulos versteht es, die Idiosynkrasien der linken *identity politics* und *safe spaces* an amerikanischen Universitäten, für die er sonst nur hämischen Spott übrig hat, zu seinen eigenen Gunsten zu nutzen, indem er dezidiert *free speech* in seiner Rolle als Homosexueller für sich reklamiert, der sich den Waffen der politischen Unkorrektheit bedienen müsse, um sich seinerseits den Lügen des Linksliberalismus zu erwehren. Yiannopoulos' Aktivismus ist gewissermaßen im dialektischen Sinne postfaktisch, indem er zugleich die Schwächen eines Konzepts wie der die Studenten vermeintlich vor der feindlichen Außenwelt schützenden *safe spaces* demaskiert, jedoch nicht im Sinne rationaler Kritik, sondern allein um sie wiederum für die eigenen *identity politics* der vermeintlich unterdrückten politisch inkorrekten Meinung in den Dienst zu nehmen. So kann sich der *Breitbart*-Autor zugleich als verfolgte Unschuld und rücksichtsloser Verbreiter unangenehmer Wahrheiten inszenieren. Eine Fähigkeit, die nicht zufällig an ebenjenen Politiker erinnert, den der *Breitbart*-Autor gerne »Daddy« nennt und über den er sagte: »Before it's too late, vote for Donald Trump.«

Die Botschaft von Lüschers Roman und die gegenwärtige Konjunktur von Figuren wie Yiannopoulos sind beunruhigend. Der keineswegs besonders fiktive Wiedereinzug der autoritären Unvernunft in das Zentrum der westlichen Welt zeugt nämlich von der Aktualität eines altbekannten zivilisationskritischen Passus, wonach die »trockene Weisheit« unserer Tage »nichts Neues unter der Sonne gelten läßt, weil die Steine des sinnlosen Spiels ausgespielt, die großen Gedanken alle schon gedacht, die möglichen Entdeckungen vorweg konstruierbar, die Menschen auf Selbsterhaltung durch Anpassung festgelegt« sind. Mittlerweile indiziert auch die zeitgenössische Literatur, dass Horkheimer und sein kongenialer Partner Theodor W. Adorno recht hatten: Die Aufklärung verschlingt irgendwann ihre Kinder, weil sie »mit jedem ihrer Schritte tiefer sich in Mythologie [verstrickt]«[22].

Der versierteste »Frankfurter Schüler« Habermas verabschiedete diese düstere Prognose vielleicht ein wenig zu voreilig. Sein Verdikt lautete, dass »die *Dialektik der Aufklärung* dem vernünftigen Gehalt der kulturellen Moderne, der in den bürgerlichen Idealen festgehalten [...] worden ist, nicht gerecht« werde. Damit spielte Habermas, der während des Positivismusstreits der 1960er-Jahre noch im Gleichschritt mit Adorno den Kritischen Theoretiker gegeben hatte und von nun an in die Rolle des idealistischen Demokratie- und Diskurstheoretikers schlüpfte, auf die Segnungen der »universalistischen Grundlagen von Recht und Moral« an, »die in den Institutionen der Verfassungsstaaten, in Formen demokratischer Willensbildung, in individualistischen Mustern der

Identitätsbildung *auch* eine« – man beachte die für Habermas typische Relativierung in Klammern – »(wie immer verzerrte und unvollkommene) Verkörperung gefunden«[23] hätten. Im Jahr der Deutschen Einheit setzte Habermas schließlich zum finalen Sprung seiner kantischen Vorwärtsverteidigung an und beschwor einen »europäische[n] Verfassungspatriotismus«, der künftig »aus verschiedenen nationalgeschichtlich imprägnierten Deutungen derselben universalistischen Rechtsprinzipien zusammenwachsen«[24] müsse. So erwartete er von der verfassungsmäßigen Vertiefung der Europäischen Union gar »eine induzierende Wirkung«[25], damit sich innerhalb der Mitgliedstaaten langfristig der integrationsfreudige Sozialtypus gegen den nationalistischen Narziss durchsetzen möge. Im Abschlussband seiner *Kleinen Politischen Schriften* hat Habermas noch einmal darauf hingewiesen, die Umstellung der »europäischen Einigung von einem Elitenprojekt auf den Bürgermodus« sei mittlerweile »seit mehr als zwei Jahrzehnten«[26] sein politisches Lebensprojekt.

Letztlich führte er mit seinem »Godesberg der Kritischen Theorie«[27] nur ein löbliches, wenn auch zum Scheitern verurteiltes Rückzugsgefecht. Habermas hoffte, den neuerlichen Gespenstern der Gegenaufklärung und dem aufkommenden Antimodernismus am Ende der *Trente Glorieuses* etwas entgegenzusetzen, indem er ein Zweckbündnis mit dem klassischen Liberalismus einging. Als er die *Theorie des kommunikativen Handelns* niederschrieb, stellten Thatcher und Reagan Politik und Gesellschaft gerade auf ein neues, »neoliberales« Fundament und kreuzten das halsbrecherische Chicagoer Wunschdenken vom freien Markt mit einer längst überwunden geglaubten sozialmoralischen Tradition. Habermas sah angesichts der mangelnden Problemlösungskapazitäten des korporatistischen Sozialstaats und der evidenten Folgekosten der politischen Mesalliance zwischen ökonomischem Liberalismus und moralischem Konservatismus nur noch eine gangbare Option: eine dem demokratischen Rechtsstaat verpflichtete, theoriepolitische Neujustierung des »Ausgang[s] des Menschen aus seiner selbstverschuldeten Unmündigkeit«[28]. An den »Nahtstellen«[29] von System und Lebenswelt, wo die neuen sozialen Konflikte aufgebrochen waren, sollten sich die »postkonventionellen Bewußtseinsstufen«[30] des Demos regen. In Habermas' idealer Demokratie durfte es zwar rauchen, aber nicht brennen. Die Forderung nach der Erhebung des aufgeklärten Publikums aus der Masse blieb in seiner Theorie stets an einen kosmopolitischen und universalistischen Sozialcharakter rückgebunden. Der »zwanglose Zwang des besseren Arguments« sollte Abhilfe schaffen, wenn es zu Konflikten kam.

Heute lässt sich nur mehr mit Wehmut verfolgen, wie sich diese edlen demokratietheoretischen Hoffnungen »im Dampfbad des Volksempfindens«[31] in Luft auflösen. Allenfalls Meister der Verdrängung können sich noch darüber freuen, dass die Präsidentschaftskandidatin der Demokratischen Partei Clinton trotz ihrer Niederlage am Ende deutlich mehr Stimmen auf sich vereinigen konnte als Trump, oder dass die Österreicher, wenn auch nur ganz knapp, zuletzt einen ungenierten Faschisten im Amt des Bundespräsidenten verhindert haben. Wie lange aber halten die letzten Bastionen des anständigen Rests dem hyperdemokratischen Ansturm stand? Vielleicht noch über die niederländischen Parlamentswahlen Mitte März, die französische Stichwahl um die Präsidentschaft im Mai und die Wahl zum Deutschen Bundestag im Herbst hinaus? Es ist letztlich nur eine Frage der Zeit, dass auch im Herzen der Europäischen Union die einstmals stabilen Dämme tugenddemokratischer Selbstbeherrschung brechen.

Anmerkungen

1 Ich habe die These, dass falsch gewählt wird, vor einiger Zeit im Hinblick auf die arabische Welt expliziert, vgl. Matthias Hansl: »Falsch gewählt. Nach der Arabellion«, in: *Kursbuch 174. Richtig wählen.* Hamburg 2013, S. 37–53.

2 Jürgen Habermas: »Der demokratische Rechtsstaat – eine paradoxe Verbindung widersprüchlicher Prinzipien?«, in: ders.: *Politische Theorie. Philosophische Texte. Bd. 4.* Frankfurt am Main 2009, S. 167.

3 Oliver Nachtwey: *Die Abstiegsgesellschaft. Über das Aufbegehren in der regressiven Moderne.* Berlin 2016, S. 223.

4 Ebd., S. 75.

5 Sascha Lobo, Holm Friebe: *Wir nennen es Arbeit. Die digitale Bohème oder Intelligentes Leben jenseits der Festanstellung.* München 2008.

6 Sascha Lobo: »Hilfe, wir vertrumpen! Trend zur Sofortpolitik«, http://www.spiegel.de/netzwelt/netzpolitik/2017-wird-das-jahr-der-sofortpolitik-meint-sascha-lobo-a-1128523.html

7 Reinhard Mehring: *Carl Schmitt. Aufstieg und Fall.* München 2009, S. 161.

8 Ulrike Guérot: »Einmal heißer Krieg – kalter Frieden und zurück. Das Ende der europäischen Friedenserzählung«, in: *Kursbuch 188. Kalter Frieden.* Hamburg 2016, S. 75.

9 Reinhard Mehring: *Kriegstechniker des Begriffs. Biographische Studien zu Carl Schmitt.* Tübingen 2014, S. 5.

10 Carl Schmitt: *Die geistesgeschichtliche Lage des heutigen Parlamentarismus.* Berlin 2009, S. 76.

11 Ebd. S. 50.

12 Carl Schmitt: »Das Zeitalter der Neutralisierungen und Entpolitisierungen«, in: ders.: *Der Begriff des Politischen. Text von 1932 mit einem Vorwort und drei Corollarien.* Berlin 2009, S. 73–87.

13 Schmitt, *Die geistesgeschichtliche Lage,* 2009, S. 56.

14 Ebd. S. 61.

15 Ebd. S. 62.

16 Carl Schmitt: *Politische Theologie. Vier Kapitel zur Lehre von der Souveränität.* Berlin 2009, S. 37.

17 Schmitt, *Die geistesgeschichtliche Lage,* 2009, S. 10 f.

18 Timothy Snyder: »Setzen Sie ein Zeichen! Zwanzig Vorschläge zur Bewahrung der Freiheit in der Unfreiheit«, in: *Lettre International* Winter 2016, S. 11. Der ursprüngliche Facebook-Post ist online abrufbar unter https://www.facebook.com/timothy.david.snyder/posts/1206637072716110

19 https://twitter.com/realDonaldTrump/status/815185071317676033

20 https://twitter.com/TimothyDSnyder/status/816325038425116675

21 Jonas Lüscher: *Kraft.* München 2017, S. 162.

22 Max Horkheimer, Theodor W. Adorno: *Dialektik der Aufklärung. Philosophische Fragmente.* Frankfurt am Main 2008, S. 18.

23 Jürgen Habermas: *Der philosophische Diskurs der Moderne. Zwölf Vorlesungen.* Frankfurt am Main 1983, S. 137 f.

24 Jürgen Habermas: *Faktizität und Geltung. Beiträge zur Diskurstheorie des Rechts und des de-mokratischen Rechtsstaats.* Frankfurt am Main 1992, S. 651.

25 Jürgen Habermas: *Die Einbeziehung des Anderen. Studien zur politischen Theorie.* Frankfurt am Main 1996, S. 191.

26 Jürgen Habermas: *Im Sog der Technokratie. Kleine Politische Schriften XII.* Berlin 2013, S. 86, Fußnote 2.

27 Karsten Fischer, Raimund Ottow: »Das ›Godesberg‹ der Kritischen Theorie. Theorie und Po-litik im Generationenwechsel von Horkheimer/Adorno zu Habermas«, in: *Politische Viertel-jahresschrift* 43 (4) 2002, S. 508–523 und 653–669.

28 Immanuel Kant: *Was ist Aufklärung? Ausgewählte kleine Schriften.* Hamburg 1999, S. 20.

29 Jürgen Habermas: *Theorie des kommunikativen Handelns. Bd. 2. Zur Kritik der funktionalisti-schen Vernunft.* Frankfurt am Main 1981, S. 581.

30 Ebd. S. 266.

31 Ralf Dahrendorf: *Betrachtungen über die Revolution in Europa in einem Brief, der an einen Herrn in Warschau gerichtet ist.* Stuttgart 1990, S. 14.

Gerhard Waldherr
Deutschkunde
Prolog

»Willkommen in Deutschland! Das gilt den Flüchtlingen, die vor Krieg und Gewalt fliehen und nach Deutschland kommen, in ein offenherziges, aber für die meisten Neuankömmlinge auch fremdes Land mitten in der Europäischen Union. Doch wie leben die Deutschen? Welche Regeln gelten hier? An welchen Werten richten sie sich aus? Was ist ihnen wichtig? Welche Geschichte haben sie? Diese Fragen stellen sich auch viele Deutsche ...«

Aus: *Deutschland – Erste Informationen für Flüchtlinge*, 2015

Im Reichstag, gleich hinter Plenarsaal und Besuchertribüne. Ein paar Glastüren weiter, dann rechts, Vortragssaal A2. Die Landseniorinnen und -senioren aus der Prignitz warten schon. Eingeladen hat sie die Abgeordnete Kirsten Tackmann, Fraktion Die Linke. Die Prignitz gehört zu ihrem Wahlkreis in Brandenburg. Die Besuchergruppe blickt auf eine knallorange Wand und einen Tisch, daneben Kartons mit Stofftragetaschen, bedruckt mit einem weißen Bundesadler. Draußen vor dem Fenster zerfließt die Silhouette eines Baumes im Nebel.

Es ist der 20. Dezember 2016, elf Uhr vormittags. Am Abend zuvor war ein Lkw durch einen Teil des Weihnachtsmarkts am Berliner Breitscheidplatz gerast. Während Tackmann den Raum betritt, wird von zwölf Toten und 48 Verletzten gesprochen. Die Fotos, die im Internet und auf den Titelseiten der Tageszeitungen verbreitet werden, sind von bedrückender Symbolik. Neben dem Bombenstummel der Gedächtniskirche ein Bild der Verwüstung. Der Zweite Weltkrieg trifft auf den Terror des 21. Jahrhunderts. Paris, Brüssel, Nizza. Und nun Berlin. Zwischendurch hieß es, der Täter sei Afghane oder Pakistaner und als Flüchtling über Passau eingereist. Wie die Meldung entstanden ist, bleibt unklar. Man kann sich an so einem Tag, an diesem Ort viele Botschaften zur Begrüßung vorstellen. Kirsten Tackmann wählt eine überraschende Variante. Sie spricht nicht von Zivilisationsfinsternis, einer entweihten Weihnacht oder Merkels Toten. Sie spricht nicht von islamischer Bedrohung, Flüchtlingsproblematik, Asylmissbrauch, wie es andere Politiker zu dieser Stunde bereits getan haben. Sie spricht auch nicht von erhöhter Polizeipräsenz, verschärften Grenzkontrollen oder gar Vergeltung. Keine Phrasen, keine Appelle, kein »Sei stark Berlin«. Kein Sprechzettel der Betroffenheit und auch nicht der Anklage.

»Das ist ein besonderer Tag«, sagt Tackmann mit ruhiger Stimme, »an dem wir zunächst der Opfer und ihrer Angehörigen gedenken sollten.« Es sei auch ein Tag, an dem man mit anderen Gedanken durch die Straßen gehe oder U-Bahn fahre. Ihrer Tochter, die in Berlin wohne, ginge es so. Und natürlich habe sie auch an ihren Sohn gedacht, der in Zürich promoviere, wo tags zuvor in einer Moschee drei Menschen angeschossen wurden. Tackmann erwähnt auch das Attentat auf den russischen Botschafter in Ankara. Aber: »Die Welt ist durch die gestrigen Ereignisse nicht anders geworden, sie war schon vorher gespalten, kaputt und gewalttätig, diese Ereignisse haben das nur deutlicher gemacht.« Die Lösung? »Die Welt in Gut und Böse einzuteilen, ist jedenfalls keine.«

Was für ein Jahr. Es war nicht vorherzusehen im Herbst 2015, als Angela Merkel ihren berühmten Satz spricht und ein ganzes Land erfasst wird von Mitgefühl und Solidarität. Deutschland setzt sich ein humanitäres Denkmal. Septembermärchen. Wir schaffen das. Doch dann kommt die Silvesternacht von Köln. Stundenlang werden rund um Dom und Hauptbahnhof Hunderte von Frauen bedroht, begrapscht, sexuell belästigt, verletzt, bestohlen. Vereinzelt kommt es zu Vergewaltigungen. 1054 Strafanzeigen, 1108 Opfer und Geschädigte. Als Täter verdächtigt werden überwiegend Marokkaner, Algerier, Iraker, Syrer, darunter auch Asylsuchende. Auch in anderen Städten kommt es zu ähnlichen Übergriffen. Es ist eine offenbar konzertierte Aktion der Schande. Sie wird zum Wendepunkt der Flüchtlingsdebatte. Die Willkommenskultur mündet in eine Verurteilungs- und Abschiebungsdebatte, auch weil die Kölner Polizei, einzelne Politiker und Medien, etwa das ZDF, den Vorfall zunächst bagatellisieren. Es folgen schlimme Schlagzeilen. Die sächsischen Orte Freiberg, Freital, Clausnitz oder Bautzen werden zum Synonym für Anschläge auf Flüchtlinge. Aufmärsche von Pegida und Parolen der AfD bestimmen zunehmend die Nachrichten. Aufgeregte Diskussionen beginnen. Obergrenze. Burka-Verbot. Parallelgesellschaften. Thilo Sarrazin stellt fest:»Wir schaffen das nicht.« Dann die Anschläge von Ansbach und Würzburg. Der Ton wird schärfer. Nicht nur im Osten heißt es:»Merkel muss weg!«

Insbesondere die CSU, die Partei, die das schöne Bayern erfunden hat, bringt sich gegen die Kanzlerin und ihre Politik in Stellung. Der Parteivorsitzende Seehofer sucht die offene Konfrontation. Generalsekretär Scheuer sagt:»Das Schlimmste ist ein Fußball spielender, ministrierender Senegalese. Der ist drei Jahre hier – als Wirtschaftsflüchtling –, den wirst du nie wieder abschieben.« Die Obergrenze wird zur Bedingung für eine weitere Zusammenarbeit mit der Schwesterpartei CDU. Die Kanzlerin bittet ihre Parteigenossen hinsichtlich der Bundestagswahl 2017:»Ihr müsst mir helfen!« Und dann Berlin.»Die Kerze der Zuversicht«, schreibt das *Handelsblatt* in seinem Morning Briefing am 20. Dezember,»hat zu flackern begonnen.«

Nachrichten sind der Fluch der modernen Welt. Allgegenwärtig, allumfassend, begleitet von Zahlen, Statistiken, Bildern. Das alles ist häufig aufgebauscht, manipulativ, unausgewogen. So funktionieren Medien heute. Und so werden aus Randereignissen nationale Debatten. Ein Selfie mit einem Syrer oder ein weinendes Flüchtlingskind neben der Kanzlerin reicht. Erst recht eine Frau im Nikab in einer öffentlich-rechtlichen Talkshow. An Ereignissen wie dem brutalen Sexualmord von Freiburg, mutmaßlich verübt von einem afghanischen Flüchtling, kommt sowieso keiner vorbei. Zumal wenn er verstrickt wird mit ähnlich gelagerten Vergewaltigungen in Bochum. Und weil alles mit allem zusammenhängt, wandert alles in einen Topf. Aleppo, Islamischer Staat, Globalisierung, internationaler Terrorismus, Russland, die Türkei, Brexit, Wutwähler, Trump, Weltuntergang. Fortgesetzt, kommentiert und verfälscht in den sozialen Netzwerken. Was hinter dieser Endlosschleife der Berieselung verschwindet, ist das wirkliche Leben. Das, was man ist. Single oder Partner. Kind oder Eltern. Student oder Künstler, Manager oder Arbeitsloser. Macher, Mitmacher oder Systemverweigerer. Links, rechts, neoliberal oder irgendwas dazwischen. Dabei ist es doch die Summe dieser wirklichen Leben, die definiert, was ein Land ist. Kirsten Tackmann sagt, als sie ihrer Besuchergruppe von ihrer Arbeit als Abgeordnete erzählt, sie sollten bei all dem Wahnsinn der Welt nicht vergessen, worum es auch ginge: »Es ist wichtig, dass wir auf uns achten, unser Leben betrachten, das Bewusstsein für uns und unser Land nicht verlieren.«

Sie ist ausgebildete Chemielaborantin, hat Veterinärmedizin studiert, war Mitarbeiterin am Institut für Epizootiologie und Tierseuchenforschung in Wusterhausen. Als Personalrätin kämpfte sie nach der Wende um dessen Erhalt. So kam sie in die Politik und zu ihrem Credo: »Ich will als Politikerin das leisten, was ich als Bürgerin damals von Politikern erwartete.« Vielleicht hat sie deshalb bei der Begrüßung der Besuchergruppe das Pathos weggelassen, die staatstragenden Sprüche. Ihre Themen sind näher am Menschen. Ihr Spezialgebiet ist die Landwirtschaft.

Tackmann lebt in einem kleinen Dorf bei Kyritz an der Knatter. Sie weiß, wie es ihren Nachbarn geht, die bis nach Bayern zur Arbeit pendeln oder im Gesundheitssystem viel arbeiten und wenig verdienen. Sie ist stolz auf ihr Dorf, das einem alleinstehenden Mann den 60. Geburtstag ausrichtet. Einmal im Monat hält sie in den fünf Kreisstädten ihres Wahlkreises Bürgersprechstunden ab. Jahrein, jahraus, bei Wind, Regen, Hitze. »Man muss miteinander reden«, sagt sie, »dann relativieren sich viele Debatten.« Und:»Ich nehme jeden ernst, mit dem ich rede.«

Wenn es nach der Abgeordneten Tackmann geht, dann hat das Land viele Probleme. Zunehmende Verarmung von Kindern und Senioren, Lücken im Bildungs- und Gesundheitssystem, fehlende Steuer- und Verteilungsgerechtigkeit.»Deshalb müssen wir die Machtfrage stellen, die Eigentumsfrage, die Systemfrage, wir brauchen im Parlament neue Mehrheiten, wir können nicht so weitermachen.« Viele Kritikpunkte. Und doch, so Tackmann,»verfügen wir immer noch über ein funktionierendes System, sind wir ein Land mit viel Potenzial. Es lohnt, sich das genauer anzusehen, gerade in diesen Zeiten.«

Ich kam im Frühjahr 2006 nach Berlin. Zuvor hatte ich acht Jahre in New York gelebt. Danach war ich fast zwei Jahre als Reporter auf allen Kontinenten unterwegs, überwiegend in Asien. Es war keine einfache Heimkehr. Was früher vertraut war, kam mir nun fremd vor. Deutschland und ich verhielten sich wie alte Bekannte, die sich entfremdet hatten. Dieses Dilemma fand ein Redakteur der Frauenzeitschrift *Vogue* besonders reizvoll und gab mir den Auftrag für einen Essay über Deutschland. Die Fußballweltmeisterschaft stand bevor. Die Buchhandlungen waren voller Deutschland-Bücher. Willemsen. Hacke. Matussek. Jeder gab seinen Senf dazu.

Es wurde eine mühsame, weil ziellose Recherche, und am Ende wusste ich nicht, was ich erzählen sollte. Der Essay begann mit einem Dialog in einem Taxi in Kapstadt, der sich einige Monate zuvor ereignet hatte.

Taxifahrer:»Where are you from?«
Ich:»Germany.«
Er:»Ah, good country.«
Ich:»Why?«
Er:»That's what I hear, you tell me why.«

Was ich dem Taxifahrer daraufhin erzählte, war ein wildes Durcheinander. Hin und Her. Für und Wider. Licht und Schatten. Viele Klischees, wenig Klarheit, fragwürdige Schlussfolgerungen. Der gute Mann verstand mich nicht. Der *Vogue* ging es ähnlich. Der Text wurde nicht gedruckt. Ich hatte keine Ahnung mehr von meinem Land.

Das änderte sich am Tag vor dem WM-Finale 2006, als ich in Berlin-Friedrichshain eine rothaarige Berlinerin kennenlernte. Mein privates Sommermärchen, das mich zum Vater und Ehemann machte und bewog, ein Angebot des Wirtschaftsmagazins *brand eins* als Chefreporter anzunehmen. Und es war der Beginn meiner Tour de Nation, die mich von Berlin an die Nordsee und zum Bodensee führte, vom tiefsten Bayern nach Mecklenburg-Vorpommern und ins Ruhrgebiet, von der Stadt in die Provinz, zur ehemaligen deutsch-deutschen Grenze und zurück in die Hauptstadt.

Früher, in der Volksschule des oberbayerischen Dorfs, in dem ich aufwuchs, gab es das Fach Heimatkunde. Eine Art Stadt, Land, Fluss, Kirche und Brauchtum für Anfänger. Jahrzehnte später wurden die Dienstreisen für *brand eins* zu meiner Deutschkunde. Zum ersten Mal lernte ich alle Facetten Deutschlands kennen, abseits aller Klischees, an Orten ohne Kulissen und geschminkte Fassaden. An Plätzen, wo das Leben kondensiert und zu jener Wirklichkeit gerinnt, die keine noch so fette Schlagzeile und kein noch so ambitioniertes Video auf YouTube transportieren können.

Ich lernte den guten Baron vom Bodensee und seine Familie kennen. Ich ließ mir von Mitarbeitern bei Audi erklären, was Loyalität bedeutet, und von Schalke-Fans, was Liebe ist. Ein Dorf in Niedersachsen präsentierte sich dank eines Biokeksfabrikanten als kleine, heile Welt. Ein Dorf zwischen Thüringen und Bayern, durch das bis heute die Mauer verläuft, war weniger einladendes Terrain.

Ich war bei Forschern in Leverkusen, Monheim und Wuppertal, bei Lehrern im von Migranten geprägten Bremer Stadtteil Gröpelingen und im Bistum Magdeburg, das sich mit riskanten Investments verspekulierte. Bei Uli Hoeneß am Tegernsee war ich auch. Es gab Leberkäse mit Kartoffelsalat. Der Himmel hoch und strahlend blau, und Hoeneß saß noch auf der Sonnenseite des Lebens. Und um zu verstehen, wie wir alle ticken, durfte ich Haßloch in der Pfalz erkunden, Deutschlands durchschnittlichste Stadt. In Haßloch werden neu entwickelte Konsumgüter auf Marktreife getestet. Was dort funktioniert, funktioniert überall. Kirsten Tackmann lernte ich 2008 kennen. *brand eins* wollte anhand eines Parlamentariers ergründen, was Leistung in der Politik bedeutet. Wir trafen uns in Kyritz, wo sie mich am Bahnhof mit aufgeklapptem Laptop unter dem Arm begrüßte. Von dort eilten wir in eine Gaststätte zu einem Gespräch mit ALG-II-Empfängerinnen.

Anschließend ging es zu einer Bürgerinitiative, die die Inbetriebnahme eines Truppenübungsplatzes der Bundeswehr in der Kyritz-Ruppiner Heide, das sogenannte Bombodrom, verhindern wollte. Leistung in der Politik? Tackmann dachte lange nach und sagte:»Für mich ist Leistung, wenn ich eine positive Veränderung im Leben eines Menschen erreiche.«

»Politiker tun sich schwer mit dem richtigen Leben«, schrieb einmal die Journalistenikone Jürgen Leinemann:»Nicht nur haben sie Schwierigkeiten, es zu bewältigen, es macht ihnen auch Mühe, es überhaupt zu erkennen.« Dass es bei Kirsten Tackmann anders war, gehörte zu den schöneren Erfahrungen meiner Deutschland-Tournee.

Zehn Jahre. Immer woanders und doch ähnlich. Man nimmt den ICE, eine Regionalbahn oder einen Mietwagen. Und schon wird man ausgespuckt an einem Ort, den man womöglich nie besucht hätte. Und wenn doch, ganz anders wahrgenommen. Man trifft Menschen, denen man ziemlich sicher nie begegnet wäre. Und wenn doch, ganz sicher nicht so intensiv. Was in diesen zehn Jahren herauskam, war vielschichtig und gegensätzlich und wurde zum Grundstock dieses Buches. Oft grandios, mitunter mittelmäßig und nicht immer frei von Abgründen. Wie Deutschland, das man nur verstehen kann, wenn man Leben, Arbeit und Denken der Menschen ergründet, wenn Tugenden, Wünsche und Träume ein Gesicht bekommen. Und immer steckte darin etwas Tiefes und Schönes, etwas Wahrhaftiges. Vielleicht auch ein Grund, warum Deutschland von Nicht-Deutschen zuverlässig zu einem der lebenswertesten Länder der Welt gewählt wird.

Mitte November, Berlin-Schöneberg, nicht weit vom Breitscheidplatz. Dinner mit Freunden. Vier Ehepaare, alle Männer sind Journalisten. Es gibt Kürbissuppe mit Blutwurst, Rinderrouladen mit Rotkohl und Kartoffeln. Schlemmen wie bei Muttern. Noch vor ein paar Jahren hätten zu einem Abend wie diesem die Geschichten vom guten Baron gepasst, von Audis treuen und motivierten Mitarbeitern, den durchgeknallten Fußballfans, dem tollen Biokeksfabrikanten oder den ebenso schrulligen wie faszinierenden Forschern. Man hätte geschmunzelt über die Gier der Pfaffen in Magdeburg und räsoniert, ob Uli Hoeneß nicht doch der quintessenzielle Deutsche sei: fleißig, ehrgeizig, zielstrebig. Ein Macher mit Leidenschaft, Härte und Herz. Wie so viele Mittelständler, die Deutschland in dieser Hinsicht einzigartig machen.

An diesem Abend war es anders. Es wurde über die Flüchtlingskrise gesprochen und alles, was damit zusammenhängt, was wir daraus lernen. Andere Kultur, andere Religion, andere Zivilisation. Überwiegend junge Männer unter 30, ohne Ausbildung und Perspektive. Kaum Frauen, traumatisierte Kinder. *Schwer zu integrieren in Zeiten von Smartphone und Satellitenschüssel? ... Hast du gelesen: 80 Milliarden, sagt die Bundesregierung, kosten die Flüchtlinge bis 2020. ... Ja, aber ohne wirtschaftliche Integration. ... Ach, hört auf mit Zahlen! ... Wir wissen noch nicht mal, wie viele Flüchtlinge überhaupt eingereist sind. ...* Viele Fragen, keine Antworten. Das einzige Thema, bei dem ich etwas aus meiner *brand eins*-Zeit beitragen konnte, war Haßloch, die Trendsetterstadt. Bei der Landtagswahl 2016 erzielte die AfD dort 18,6 Prozent, mehr als im Schnitt in Rheinland-Pfalz.

Zwei Wochen später: Mit dem Zug nach München und von dort aus weiter mit dem Mietwagen. Noch einmal durch Deutschland. Eine Winterreise auf den Spuren der Flüchtlinge. Das ist der Plan. Zuerst nach Passau an die Grenze, dann in ein bayerisches Dorf, wo zwei Freunde sich um eine fünfköpfige syrische Flüchtlingsfamilie kümmern. Von dort in den Osten nach Freiberg in Sachsen zur AfD. Warum nicht? Nach Köln zur Domplatte, logisch. Nächste Station: Duisburg-Marxloh, ein Paradebeispiel für urbane Verwahrlosung und Parallelgesellschaften. Rauf nach Hamburg zu einem Werber. Denn Werber wissen, was Menschen wollen, und damit, wohin Gesellschaften driften. Zum Schluss nach Sumte, Niedersachsen, 106 Einwohner, wo einmal 1000 Flüchtlinge untergebracht werden sollten. Eine Woche später, auf der Rückfahrt von Sumte nach Berlin. Es regnet. Graubraunschlammgrüne Wiesen neben der A 24. Wie ein schmutziges Laken hängt der Himmel über Brandenburg. Autoradio, Deutschlandfunk, die Sendung heißt »Kontrovers«. Das Thema: »Bedrohen Flüchtlinge unsere Lebensweise?« Die Sendung will Bezug nehmen auf die »Gewalttaten von Freiburg, Bochum und Köln«. Der Vorsitzende des Zentralrats der Muslime ist besorgt über die zunehmende Fremdenfeindlichkeit der Deutschen. Eine Islamwissenschaftlerin moniert unzureichende Unterstützung der Behörden bei der Integration. Der Bundesvorsitzende der Polizeigewerkschaft erkennt eher wachsende Gewaltbereitschaft und Respektlosigkeit vor dem deutschen Rechtsstaat. Bis der Chefredakteur der Zeitschrift *Cicero* die Sache auf den Punkt bringt.

Christoph Schwennicke erzählt, dass er auf dem Höhepunkt der Willkommenskultur in Berlin vor einer Wand mit zwei Plakaten gestanden habe. Auf einem warb eine Menschenrechtsorganisation für muslimische Flüchtlinge. Daneben präsentierte sich eine Pornomesse in all ihrer körperbetonten Offenheit. Das, so der Chefredakteur, illustriere, vor welcher Herausforderung die Flüchtlinge stünden. Und damit auch wir mit ihnen.

Starkes Bild. Wäre spannend zu erfahren, dachte ich, wie ein junger Afghane, Iraker oder Marokkaner das kommentieren würde. Oder wie eine syrische Mutter ihren Kindern dieses fremde Land mit seinen verwirrenden Eindrücken erklärt. Da fiel mir auf, dass ich niemanden hätte fragen können. Sieben Tage unterwegs und keinen einzigen Flüchtling gesehen, nicht mal in Passau. Genau genommen hatte ich seit Monaten keine Flüchtlinge mehr gesehen. Oder nicht mehr wahrgenommen.

Die Debatte ist da, tagtäglich, auf allen Kanälen, an den Stammtischen, am Arbeitsplatz. Und sie wird weitergehen. Doch ihr Gegenstand ist aus dem Blickfeld geraten, irgendwo verstaut in den Hinterzimmern der Gesellschaft. Eine Million Menschen oder mehr, kaum noch sichtbar, verdrängt von den Meldungen über Terror und Tod. Das gilt zumindest für jene Deutsche, die nicht mit Flüchtlingen arbeiten oder sich ehrenamtlich für sie engagieren. Gleichzeitig haben sich Hunderttausende *Willkommen bei den Hartmanns* angesehen, den angeblich erfolgreichsten Kinofilm 2016. Darin mischt der Nigerianer Diallo eine gut situierte Akademikerfamilie auf. »Zum Brüllen komisch«, urteilte die *Welt.*

Interessiert uns wirklich nichts mehr als das? Warum wird nicht häufiger und lauter debattiert über Maßnahmen, die realistische Chancen für Integration schaffen? Wer redet eigentlich noch davon, die Ursachen von Flucht in den Krisenländern dauerhaft zu unterbinden? Warum erfährt man in den Massenmedien so gut wie nichts von Hunderten Anschlägen auf Flüchtlingsunterkünfte? Warum ist das alles kaum noch präsent? Stattdessen reüssiert eine Komödie. Die Nachrichtensendung »Tagesthemen« befand mit Verweis auf den Film *Fack ju Göhte*: »Fack ju Flüchtlingskrise.« Als ob sie damit weg wäre.

Zurück zum Reichstag. Es ist immer noch der 20. Dezember 2016, kurz nach Mittag. Der Vortrag der Abgeordneten Tackmann ist vorbei. Die Prignitzer Besuchergruppe fährt mit dem Aufzug aufs Dach für ein Erinnerungsfoto. Immer wieder imposant, Fosters Kuppel. Inzwischen ist klar, dass der Täter vom Breitscheidplatz kein Afghane ist und auch kein Pakistaner, und inzwischen kursiert in den Medien schon ein Satz Helmut Schmidts. Gesagt hat er ihn 1977, als die RAF das Land in Atem hielt: »Der Terrorismus hat auf Dauer keine Chance. Denn gegen den Terrorismus steht nicht nur der Wille der staatlichen Organe, gegen den Terrorismus steht der Wille des ganzen Volkes.«

Es ist feucht und kalt über den Dächern von Berlin. Nieselregen, die Flaggen auf den Reichstagstürmen triefen auf halbmast. Über den Lamellen der Glaskuppel dampft es. An schönen Tagen hat man von hier einen großartigen Blick. Man kann die Charité sehen, den Fernsehturm am Alex, Dom und Rotes Rathaus, sogar den Tierpark tief im Osten

Berlins. Heute liegt über allem eine Melange aus Dunst und Nebel und Rauch. Nichts zu erkennen. Nicht die Sehenswürdigkeiten. Nicht das Volk. Und doch ist es da mit all seinen Träumen, Hoffnungen und Wirklichkeiten, seinen Fragen und Antworten, Deutschland.

Dreiundzwanzig Zahlen

- Einwohnerzahl Deutschlands Ende 2014, in Millionen: **81,2**
- Durchschnittliches Alter eines Bundesbürgers, Stand 2014: **45,6**
- Durchschnittliche Lebenserwartung in Deutschland, Stand 2012/2014, in Jahren: **80,9**
- In Deutschland lebend geborene Kinder: 1964: **1 360 000** – 2014: **715 000**
- Anteil der Wahlberechtigten 70 Jahre und älter bei der Bundestagswahl 2013, in Prozent: **20,7**
- Anteil der Wahlberechtigten unter 21 bei der Bundestagswahl 2013, in Prozent: **3,2**
- Durchschnittliche Summe Bargeld, die ein Deutscher 2016 täglich mit sich führte, in Euro: **103**
- Durchschnittliche Geldspenden von Deutschen 2014, in Euro: **36**
- Durchschnittliche Anzahl an Versicherungen, die jeder Deutsche 2014 besaß: **6**
- Durchschnittliche Wohnfläche pro Einwohner in Deutschland 2014, in Quadratmetern: **46,5**
- Durchschnittliche Zeit, die ein Deutscher jährlich im Supermarkt an der Kasse steht, in Stunden: **6**
- Durchschnittliche Zeit, die ein Deutscher jährlich mit dem Auto im Stau steht, in Stunden: **38**
- Anzahl der in Deutschland zugelassenen Autos, Stand 01.01.2016, in Millionen: **45,1**
- Anzahl der Fahrräder in Deutschland, Stand 2015, in Millionen (Schätzung): **72**

- Anzahl der in Deutschland gehaltenen Haustiere, Stand 2013, in Millionen: **28**
- Anzahl der Gartenzwerge in Deutschland, Stand 2014, in Millionen: **25**
- Platz, den Deutschland im Länderranking 2015 des US-Marketing-experten David Reibstein unter 60 Ländern einnahm: **1**
- Platz, den Deutschland 2014 gemessen an der Wirtschafts-leistung im internationalen Vergleich einnahm: **4**
- Platz, den Deutschland 2014 auf der Liste der größten Export-länder einnahm: **3**
- Platz, den Deutschland 2014 im Human Development Index ein-nahm: **6**
- Platz, den Deutschland 2015 im internationalen Korruptions-wahrnehmungsindex einnahm: **10**
- Platz, den Deutschland 2016 im World Happiness Report einnahm: **16**

Der Text entstammt dem Buch *Deutschkunde. Innenansichten einer Nation*, das im März 2017 in der kursbuch.edition erscheint.

Armin Nassehi
Po:Pu:Lis:Mus
Fünf Motive über das Lügen

Ich schreibe dieses kleine Stück einen Tag nach der Amtseinführung von Donald Trump – unter dem Eindruck seiner Inaugurationsrede, die fast so etwas wie didaktisches Material für das Verständnis des Populismus geliefert hat, nach einem Wahlkampf, in dem das Hauptargument des Protagonisten immer wieder der Vorwurf der Lügenhaftigkeit des Washingtoner Establishments war. Jemanden der Lüge zu bezichtigen, erlebt eine erstaunliche semantische Renaissance. Auch im deutschen Kontext hat kaum ein Vorwurf in der öffentlichen Debatte so viel Resonanz erzeugt wie der Vorwurf der »Lügenpresse«, der ja insinuiert, dass es hier nicht um unterschiedliche Einschätzungen oder unterschiedliche Beurteilungen der Lage geht. Wer den anderen der Lüge zeiht, geht davon aus, dass er das, was er sagt, wider besseres Wissen, also wider die Wahrheit behauptet, die es nicht nur gibt, sondern die der Lügner auch kennen muss, um es zum Lügner bringen zu können. Wer behauptet, die Welt sei eine Scheibe, bevor ihre Kugelgestalt bewiesen wurde, lügt nicht. Derjenige, der um die Globalität der Welt weiß, kann aber – zu welchem Zweck auch immer – vielleicht den Seefahrer mithilfe einer Lüge einschüchtern, indem er ihm Angst macht, bloß nicht zu weit zu fahren, damit er nicht am Rande der Welt ins Nirgendwo stürzt. Das wäre dann eine Lüge. Niccolò Machiavelli hat bekanntlich solche strategischen Lügen als eine der wichtigsten Techniken der Staatskunst aufgeführt. Ist Erfolg das Ziel einer Strategie, ist die Lüge ein durchaus probates Mittel für den Fürsten. Berufsmäßige Lügen sind gang und gäbe. Man kann weder Politik betreiben noch über

Preise verhandeln, nicht einmal einen Gerichtsprozess führen noch ein guter Arzt sein, wenn man sein Tun stets daran orientiert, zwischen dem Meinen/Wissen und dem Sagen keinen Unterschied zu machen. Das kann man moralisch verurteilen, und es gibt genügend Situationen, in denen die Lüge tatsächlich nicht nur unter utilitaristischen Gesichtspunkten zu Störungen führt, sondern auch moralische Verachtung attrahieren wird. Wer seinen (Ehe-)Partner anlügt, wer unter Freunden lügt oder wer Geschäftspartner hinters Licht führt, wird Verachtung auf sich ziehen. Wer es in bestimmten Situationen mit kalkulierten Unwahrheiten schafft, den besseren Deal zu machen oder damit auf diplomatischem Parkett Erfolg zu haben, wird aber womöglich als klug gefeiert. Und manches Kompliment macht einen womöglich besonders sympathisch, wenn die Abweichung zwischen Sagen und Meinen oder Sagen und Augenschein nicht zu eklatant ist. Auch taktvolles Verhalten erzeugt eine Unehrlichkeit, die nicht nur verschmerzt werden kann, sondern sogar dazu beiträgt, dass alle Beteiligten ihr Gesicht wahren können. Die Lüge vorschnell zu verdammen, wäre vielleicht moralisch vorbildlich, aber wenig empirienah – zumal derjenige, der die Lüge vehement verdammt, zugleich vor sich selbst unsichtbar machen müsste, dass der strengen Forderung im Alltag nicht bis ins Letzte nachzukommen ist. Die ästhetisch angemessene Form, dies als Moralist unsichtbar zu machen, ist der Vortrag in angemessenem Tremolo. Über Lug und Trug nachzudenken, würde also wohl erfordern, über die Kontexte nachzudenken, unter denen etwas als Lüge erscheint und dann auch so benannt wird. Was mich gar nicht interessiert: ob all das, was das Label »Lüge« aufgedrückt bekommt, wirklich eine Lüge ist.

Ich möchte dazu fünf Motive vortragen.

Erstes Motiv: Sagen und Meinen

Dass wir lügen können, ist ein Vorteil, vielleicht ein evolutionärer Vorteil. Wohlgemerkt: Nicht öfter oder besser oder effektiver zu lügen wäre ein Vorteil, sondern dass wir es können, wenn wir wollen oder wenn uns nichts anderes übrig bleibt, ist ein Vorteil. Die Lüge ist nur möglich, weil es zwischen der psychischen Realität des Bewusstseins und der kommunikativen Realität des Sozialen eine unüberwindbare Grenze gibt. Um zu prüfen, ob mein Gegenüber auch meint, was es sagt oder eben nicht, kann ich nicht direkt auf sein Bewusstsein zugreifen, sondern mich entweder auf sein Sagen verlassen oder mit Indizien arbeiten. Unsere psychische Realität ist stets anders gebaut als die Kommunikationsprozesse, an denen wir beteiligt sind. So können wir manchmal entscheiden, ob wir dies oder jenes sagen wollen, was schon ein Hinweis darauf ist, dass wir das, was wir denken, auch zurückhalten oder etwas für die Situation strategisch Richtiges sagen könnten. Wir können zwar selbst überrascht werden von dem, was wir sagen, aber wir könnten kaum von dem, was der andere sagt, überrascht werden, wenn dessen Bewusstsein nicht die Fähigkeit hätte, zu wählen, was gesagt werden soll.

Das hört sich banal an, ist es aber nicht. Man stelle sich vor, was passieren würde, wären unsere Bewusstseine gleichgeschaltet oder von außen sichtbar. Man würde wahrscheinlich radikal neurotisch, weil man sich dann selbst denkerisch im Denken kontrollieren müsste. Diese Nähe zum neurotischen Zwang machen sich Polygrafen vulgo Lügendetektoren zunutze, um die physiologischen Reaktionen auf den Stress der Beobachtbarkeit des Inneren als Hinweis auf den Wahrheitsgehalt von Aussagen zu verwerten.[1] Die Fähigkeit zur Lüge ermöglicht erst Kommunikation und Bedeutung, ermöglicht auch erst die Kreativität der Kommunikation. Kommunikation benutzt das Bewusstsein geradezu als eine *black box*, der mehr Bedeutung abzuringen ist als gesagt wird und gesagt werden kann – ganz abgesehen davon, dass auch dem Bewusstsein selbst nicht so transparent ist, was es denn nun »wirklich« meint. Beobachten wir nicht oft an uns, wie sich unsere Sprechweisen, auch unsere »Meinungen«, unsere Plausibilitäten danach ändern, wo, mit wem und zu welchem Behufe wir gerade reden? Ist das Soziale nicht ein großer Ansteckungszusammenhang? Und je komplexer unsere soziale Umwelt ist, desto eher erleben wir, dass der eine Satz hier noch gilt, während er in einem anderen Kontext nicht mehr gilt.

Das ist das, was vielleicht das Entscheidende ist, was Kinder in Bildungs- und Schulkontexten lernen. Sie lernen als Mitglieder einer Schulorganisation, dass es Kontexte gibt, in denen man Unterschiedliches sagen muss – Eltern wollen etwas anderes hören als Lehrer, und die wiederum etwas anderes als die Mitschüler. Es entstehen vielfältige Bedeutungskontexte, die man kommunikativ zu jonglieren lernen muss – und das geht nur, weil wir auch lügen können, das heißt, weil wir das, was wir für so etwas wie »die Wahrheit« halten, kontextsensibel einsetzen oder verschweigen oder verdrehen können, ja sogar müssen. Und das ist ein schmaler Grat, auf dem sich jeder Teilnehmer an sozialer Kommunikation bewegt: Der Tugendbold, der immer die je vermeintliche Wahrheit sagt, wird ebenso scheitern wie der notorische Lügner, der seine Reputation verspielt.

Es gibt Theorien des Sprechens, am prominentesten sicher in der Version von Jürgen Habermas, die der Sprache ein inhärentes Potenzial zur Verständigung und zur Wahrhaftigkeit bescheinigen. Wenn wir jemanden sprechen hören, gehen wir zunächst davon aus, dass dieser es auch so meint, wie er es sagt, und damit Konsens und Verständigung möglich sei. Schon sehr früh heißt es bei Habermas über die Sprache: »Mit ihrer Struktur ist Mündigkeit für uns gesetzt. Mit dem ersten Satz ist die Intention eines allgemeinen und ungezwungenen Konsensus unmissverständlich ausgesprochen.«[2] Selbst wenn man das skeptischer als Habermas beurteilt, so muss doch konzediert werden, dass die Performanz des Sprechens unter Anwesenden (sic!) tatsächlich auf Bestätigung und Achtung hinzielt.[3] Aber eine Information ist das nur, weil die Möglichkeit der Lüge und des Betrugs besteht – zumal die Lüge selbst das verständigungsorientierte Potenzial der Kommunikation ausnutzen muss. Im Klartext: Die Lüge funktioniert nur deswegen, weil wir davon ausgehen, dass der andere uns glaubt – und wahrhaftig verständigen müssen wir uns nur deshalb, weil wir auch anders könnten.

Zweites Motiv: Denotation und Konvention

Wer über die Lüge räsoniert, muss das spätestens seit Nietzsche im außermoralischen Sinne tun. Nietzsches Schrift *Über Wahrheit und Lüge im außermoralischen Sinne* ist keine Theorie der Lüge, sondern eine Theorie ihrer Performanz. Oder anders ausgedrückt: Nietzsches Argument ist ein Argument des Sprechens. Da die Sprache stets mit Metaphern, mit Bildern, nur mit Annäherungen arbeitet, stets mehrdeutig ist, stets etwas anderes sagen muss, als man sagen kann, entsteht eine Differenz. Letztlich sagt Nietzsche, dass die Sprache überhaupt erst aufgrund ihrer Unvollkommenheit funktioniert. Er schreibt:»Wir wissen immer noch nicht, woher der Trieb zur Wahrheit stammt: denn bis jetzt haben wir nur von der Verpflichtung gehört, die die Gesellschaft, um zu existieren, stellt: wahrhaft zu sein, das heißt die usuellen Metaphern zu brauchen, also moralisch ausgedrückt: von der Verpflichtung, nach einer festen Konvention zu lügen, herdenweise in einem für alle verbindlichen Stile zu lügen. Nun vergißt freilich der Mensch, daß es so mit ihm steht; er lügt also in der bezeichneten Weise unbewußt und nach hundertjährigen Gewöhnungen – und kommt eben durch diese Unbewußtheit, eben durch dies Vergessen zum Gefühl der Wahrheit. An dem Gefühl, verpflichtet zu sein, ein Ding als ›rot‹, ein anderes als ›kalt‹, ein drittes als ›stumm‹ zu bezeichnen, erwacht eine moralische, auf Wahrheit sich beziehende Regung: aus dem Gegensatz des Lügners, dem niemand traut, den alle ausschließen, demonstriert sich der Mensch das Ehrwürdige, Zutrauliche und Nützliche der Wahrheit. Er stellt jetzt sein Handeln als ›vernünftiges‹ Wesen unter die Herrschaft der Abstraktionen.«[4]

Nietzsche nimmt hier vorweg, was etwa in der späteren Zeichentheorie oder auch im Poststrukturalismus weitergedacht wurde: Wahrheitsansprüche und ihre Durchsetzung sind weniger Denotationen von

Wahrheit im Sinne der angemessenen Bezeichnung von etwas Wahrem, sondern eher Konventionen in dem Sinne, dass wir uns an Sprechweisen so sehr gewöhnen, dass uns die ständige Wiederholung und Bewährung von Bezeichnetem als die Wahrheit erscheint. »Vernunft« wäre dann so etwas wie die Bestätigung der Konventionen, die dadurch gelten, dass sie wiederholt werden. All das könnte man hier weiterspinnen und einen Diskurs darüber führen, ob damit nicht Wahrheitsansprüche und eine realistische Epistemologie aufgegeben würden. Nicht umsonst hat man Nietzsche als die »Drehscheibe« zur Postmoderne gescholten.[5] Aber all das soll hier nicht im Vordergrund stehen, sondern die bemerkenswerte Polemik, mit der Nietzsche die Unvermeidlichkeit der Lüge vorträgt. Dass er hier nicht von »Verschiebung« wie später Derrida[6] oder auch nur von der semiotischen Unterscheidung von Signifikat und Signifikant spricht, sondern den moralischen Begriff der Lüge im außermoralischen Sinne verwendet, ist kein Zufall.

Nietzsches Formulierung ist ein sehr aktueller Hinweis darauf, warum der Begriff der Lüge derzeit eine solche Konjunktur hat. Die Diskurse, die um politischen Populismus geführt werden, die neonationalistischen Sprechweisen, die Renaissance des »Eigenen«, die aus den Fugen geratenen Wahlkämpfe vom Brexit über die österreichische Präsidentenwahl bis Trump und in diesem Jahr erwartbar in Frankreich und Deutschland nutzen die Semantik der Lüge stets dort, wo Sprechkonventionen infrage gestellt werden. Man kann fast von einem Kulturkampf um die Sagbarkeit von Sätzen sprechen. Wenn man die kulturelle Entwicklung Europas oder des Westens auf einen Begriff bringen will, ist es wohl die Herstellung von Augenhöhe und semantischer Gleichberechtigung in der Benennung von Personen.[7] Nein – es kommt jetzt keine Kritik der *political correctness*, sondern der Hinweis darauf, dass Kulturkämpfe tatsächlich Kämpfe um jene Konventionen in den Denotationen sind, die Nietzsche im Blick hat. Die gebrochene, oft radikal unterbrochene, am Ende aber großartige Zivilisationsgeschichte der europäischen Moderne kann man wohl darin sehen, dass eine Inklusion des anderen gelungen ist: der unteren Schichten und der Frauen, der konfessionell und religiös anderen, der kulturell und sogenannt »rassisch« anderen, der sexuell anderen, der Kranken und Behinderten usw. Nicht dass diese Unterschiede nicht mehr bestünden und bedeutungslos geworden seien – aber es entstehen sprachliche Konventionen, die handfeste Konsequenzen haben: für Rechtstitel, Anerkennungsformen, Selbstbeschreibungsmöglichkeiten und vor allem für die Erhöhung der Kosten für die falsche Benennung. Die Stellvertreterdiskussion um die *political correctness* weist nur darauf hin, dass diese Benennungspraktiken tatsächlich das Feld sind, auf dem jene »Vernunft« erzeugt wird, von der Nietzsche spricht. Der derzeitige Kulturkampf freilich ist ein Kampf um diese Benennungen – und stößt auf die »Lüge«. Er nutzt Nietzsches Hinweis darauf, dass die Dekonstruktion eines konventionellen Sprachgebrauchs eben darauf stößt, dass es nur eine Konvention ist, und deshalb Lüge. Dass auch dies nur ein Versuch ist, neue Konventionen und Sprechregeln einzuführen, kann zwar ein Beobachter von außen sehen – im Moment hat der Kritiker aber zunächst eine strategisch bessere Position, weil er auf die Konvention hinweist, die alles zusammenhält. Der gegenwärtige Kulturkampf ist genau deswegen ein Kampf um Sprechweisen – und er bezichtigt alles der Lüge, was dem Kritiker aufstößt. Der performative Vorteil dieser Kritiken, die ja oft nichts anderes sind als manchmal plumpe, manchmal kluge Probebohrungen, um zu testen, wie weit man gehen kann und was am Ende als Sagbares zumutbar ist, liegt an ihrer zunächst immun erscheinenden Wahrhaftigkeitsattitüde. Denn den anderen als bloßen Hüter einer Konvention zu demaskieren, macht den Kritiker fürs Argumentieren geradezu unempfänglich. Deshalb tun wir uns so schwer damit, dem Populisten zu begegnen. Indem wir ihn nur kopieren, wie das manche politische Strategie will, bestätigen wir ihn; indem wir argumentativ dagegenhalten, bestätigen wir ihn auch, weil wir exakt diejenigen Konventionen verwenden, gegen die der Populist anredet; und indem wir ihn verachten, also moralisch verurteilen, bestätigen wir den Kulturkampf, der gerade aus einer Konstellation gestrickt ist, dass die eine Moral die andere bekämpft, und der kein *tertium comparationis* kennt.

Drittes Motiv: Oralität und Schriftlichkeit

Vielleicht wird die Inaugurationsrede des US-Präsidenten Donald Trump vom 20. Januar 2017 als ein historisches Dokument jenes Kulturkampfes in Erinnerung bleiben. Jedenfalls war diese Rede die vielleicht reinste Form dessen, was man Populismus nennt. Sie hat auch deswegen besonders gut funktioniert, weil sie im Rahmen der für deutsche Verhältnisse geradezu absurd sakralen Inszenierung der amerikanischen Inaugurationen in jener klassizistischen Filmkulisse einer Negation der erwarteten rituellen Sätze gleichkam. Der *comment* hätte es verlangt, die Gräben des erbitterten Wahlkampfes, die Spannung der semantischen Entgleisungen wenigstens zeitweise zuzuschütten und jene Grundregel der Demokratie zu beschwören, dass der von der Mehrheit gewählte Machthaber auch diejenigen repräsentiert, die ihn nicht gewählt haben – und das waren in diesem Fall aufgrund eines für die Zeit der Pferdekutschen gemachten Wahlrechts mehr als die, die ihn gewählt haben. Trump hat sich nicht an die Konventionen gehalten, sondern das Gegenteil getan. Er hat, die wichtigsten Amtsträger der unterschiedlichen Instanzen von Senat, Repräsentantenhaus und Supreme Court im Rücken, gesagt, dass die Macht nun von der Washingtoner Elite wieder an das Volk zurückgegeben werde. Die Eliten hätten nur ihr eigenes Wohlergehen im Blick gehabt, nicht aber das des Volkes, vor allem des vergessenen Teils des Volkes, das nun mit ihm, Donald Trump, wieder die Aufmerksamkeit erfährt, die ihm zusteht. Der Rest der Rede war die Beschwörung von Stärke, alles Mögliche möge *great again* werden und es gehe hier um die eigenen Interessen: *America first*.

Die politische Rhetorik ist bekannt, sie ist letztlich die Fortsetzung des Wahlkampfes an einem Ort, für den die Konventionen vorsehen, dass nach einem anderen Modus gesprochen wird. Wer heute noch glaubt, dass Trumps Strategie die eines ungebildeten, emotional getriebenen Verrückten sei, hat die performative Perfektion dieses Auftritts nicht verstanden – zumal, wenn man Kommentatoren mit Primärerfahrung glauben darf, dass dieser Präsident in unmittelbarer, von außen unbeobachteter Interaktion erheblich konzilianter und differenzierter sein soll. Alles andere würde auch erstaunen. Insofern sind auch die psychopathologischen Ferndiagnosen mit Vorsicht zu genießen, das Problem liege daran, dass da ein selbstverliebter, seelenleerer Narziss an die Macht gekommen sei. Das mag sein, ist aber nur mäßig entscheidend. Die Inszenierung als Bruch der Konventionen ist exakt die Gemengelage, in der die semantische Karriere der Lüge derzeit ihren Grund hat. Es geht gar nicht um offensichtliche Lügen oder die Wahrheit – es geht hier auch nicht einmal um das Gegeneinander von unterschiedlichen politischen Ideologien oder Programmen. Es geht eher darum, auf das Gespinst jener Konventionen hinzuweisen, deren Destruktion darauf verweist, dass sie eigentlich eine *Lüge* seien. Letztlich hat Trump (wie andere Populisten ähnlichen Typs) die oben beschriebene nietzscheanische Reflexion über die Lüge im außermoralischen Sinne aufgenommen und führt die Fragilität der Konventionen vor, die ganz offensichtlich in die Defensive geraten, wenn man ihre latente Bedingung, ihre Fragilität nämlich, deutlich macht. Die Wahrheit steht unter Latenzschutz – es sei denn, jemand traut sich, ihn zu durchbrechen. Genau das tut der Populismus.

Aber wie? Denn vieles von dem, was uns Populisten erzählen, bricht sich am Ende an einer Komplexität, die jene einfachen Lösungen ad absurdum führen wird. Ich komme darauf zurück, auch darauf, dass der Populist ganz offenkundige Unwahrheiten zum Besten gibt. Aber darum geht es nicht. Dass es den Wohlmeinenden so schwerfällt, auf den Populismus angemessen zu reagieren, liegt an dem Medium, das den Populismus so erfolgreich macht. Dieses Medium ist Oralität, das gesprochene, das tremolierte, das geschriene, das deklamierte Wort. Diese Sprache funktioniert vor allem als Sprechen. Sie nutzt die Gegenwartsnähe des Sprechens und der mündlichen Unmittelbarkeit. Sie setzt mehr auf Wahrnehmung als auf Verstehen, mehr auf den inszenierten Tabubruch als das ausgefeilte Argument. Wenn die andere Seite des Kulturkampfes die kruden Sätze von Trump und Konsorten kritisiert, die einfache Sprache und die groben Kausalitäten, die unrealistischen Forderungen und auch die offenkundigen Unwahrheiten, unterschätzt diese andere Seite, in welchem Medium der Populismus funktioniert. Er lügt nicht, sondern er verweist auf das Lügengespinst dessen, was immer gegolten hat. Und die momenthafte, echtzeitliche, wahrnehmbare Ansprache demonstriert die Dekonstruktion des ansonsten Gültigen.

Man hat das Ende der Schriftkultur lange daran festgemacht, dass es in den sozialen Medien immer kürzere Textstücke sind, die gelesen werden, oder immer mehr Bilder statt argumentierender Texte. Das Ende der Schriftkultur könnte eher an der Oralität jener Plausibilitäten liegen als an dem, was gesagt wird. Ich will hier keine falschen Vergleiche ziehen – aber die innere Wahlverwandtschaft der goebbelschen Propaganda mit dem Radio ist kein Zufall.

Es wird kein Ende der Schriftkultur geben, aber die argumentierende Schrift, das Auseinanderziehen von Mitteilung und Verstehen, die Sorgfalt fürs Interpretieren, die mit dem Buchdruck entstandene Idee der Gemeinschaft der ähnlich informierten Sprachgemeinschaften – all das hat keine Chance gegen die virile Oralität dessen, der einfache Sätze sagen kann, die man nicht verstehen, sondern nur wahrnehmen muss. Jedes längere Argument befindet sich aus dieser Perspektive im Verdacht der verdeckenden Lüge.

Man könnte es auch auf die Formel bringen, dass das gesprochene Wort gehört, die geschriebene Sprache aber interpretiert werden muss – und die gesprochene Sprache des Experten gemahnt eher an die geschriebene als an die gesprochene Sprachform. Das Geschriebene erzeugt Asymmetrien, es zieht Mitteilung und Verstehen auseinander, es bleibt letztlich immer mehrdeutig und es verweist damit auf die Möglichkeit, gelogen zu sein. Die gesprochene Sprache dagegen ist symmetrisch, weil sie gehört werden muss. Sprecher und Hörer hören gleichzeitig dasselbe – und der Sprechakt wird zum Garant der Wahrheit selbst, und alles andere zur potenziellen Lüge. Das ist das performative Geheimnis des Erfolgs populistischer Oralität – deren Forderung es übrigens nicht nur von rechts gibt, sondern auch von links. Man denke etwa an Chantal Mouffe, die vehement für einen »linken Populismus« wirbt.[8] Ihr linksschmittianisches Argument wirbt dafür, Freund und Feind eindeutiger zu bestimmen und den Leuten jene Oralität von links anzubieten, die von der anderen, sie nennt sie die neoliberale Seite bereits erfolgreich angeboten wurde. Feindliche Geschwister vom gleichen Stamm im Kulturkampf?

Viertes Motiv: Komplexität und Wahrheit

Den Hintergrund für den angedeuteten Kulturkampf kann man in der überbordenden Komplexität der modernen Gesellschaft sehen. Die Lüge bietet sich als Vorwurf dort an, wo es zu einer Verwirrung kommt, die so etwas wie eindeutige Urteile nicht mehr erlaubt. Exakt das ist die Grunderfahrung einer modernen Gesellschaft, in der es so etwas wie klar beschreibbare Kausalitäten nicht mehr gibt. Auch das kann man ästhetisch an Donald Trumps Inaugurationsrede nachzeichnen. Es wird – wohlgemerkt mündlich – ein Katalog von klar definierten Handlungen mit ebenso klar definierten Handlungsfolgen aufgezählt. Diese Welt ist relativ einfach. Sie ist Material, um endlich das Richtige zu tun, das, was die Eliten, die hinter dem Redner sitzen, bis dato noch nie getan haben. Vielen Kommentatoren ist unmittelbar nach der Rede aufgefallen, dass Trump weder mit komplizierten ökonomischen Wechselwirkungsprozessen rechnet noch mit rechtlichen Bestimmungen, nicht einmal mit der Gewaltenteilung des politischen Systems.

Man kann sicher sein, dass Trumps Politik einen Paradigmenwechsel einleiten wird, zumindest was die sprachlichen Ausdrucksformen betrifft und was ein eher an Geschäftsbeziehungen als an *checks and balances* orientiertes Politikkonzept angeht. Man kann aber auch sicher sein, dass der Politbetrieb, dass die Gewaltenteilung, dass die verteilten Intelligenzen der jeweiligen Zuständigkeiten, dass die unterschiedlich zu hörenden Instanzen die großspurigen Sätze kleinarbeiten, zermalmen und am Ende doch in Kompromisse zwingen werden. Man kann nicht einmal ausschließen, dass die Elite aus der eigenen Partei sich des eigenen Mannes per Impeachment entledigen wird, wenn dieser sich den Zermalmungsprozessen allzu sehr in den Weg stellt – immerhin eine unblutige Form des Tyrannenmordes. Dennoch: In dem Moment der Rede, der öffentlichen Herstellung von Loyalitäten, der Plausibilisierung der Institutionen- und Elitenkritik spielt all das keine Rolle – in diesem Moment erscheinen alle Informationen über jenes Malmwerk einer differenzierten Gesellschaft und eines gewaltengeteilten politischen Systems nicht nur als das ganz andere, sondern sogar als die Lüge, gegen die vorgegangen werden muss. Tenor: Wenn wir diesen Instanzen die doch so klaren Botschaften überlassen, wird es nicht funktionieren. Ich kann dir jene Wahrheit anbieten, die ein solches Malmwerk nicht mehr bieten kann.

Aus demselben Stoff wie Trumps Elitenkritik und Washington-Phobie ist der Hass auf die EU gewirkt, der die europäischen Rechtspopulisten vereint. Europa ist ein Lügengespinst, weil es noch stärker als die nationalen politischen Systeme als ein Apparat wahrgenommen wird, in dem man Kompromisse machen muss und der ein System von deutlichen Wechselseitigkeiten ist. Letztlich sind solche gewaltenteilenden Systeme Konstellationen, die keine letzte Wahrheit mehr kennen, weil die unterschiedlichen Akteure jeweils ganz unterschiedliche Probleme lösen müssen. Ob man im Staatswesen Judikative, Exekutive und Legislative unterscheidet, ob man innerhalb dieser Instanzen die wechselseitigen Abhängigkeiten unterschiedlicher Interessengruppen in Rechnung stellt, ob man an die internationalen Verflechtungen wirtschaftlicher, wissenschaftlicher und kultureller Natur denkt, überall hat das westliche Modell des Institutionenarrangements letztlich Herrschaftskritik eingebaut: Jede Instanz muss mit anderen Instanzen rechnen. Niemand hat das letzte Wort. Nicht einmal der gewählte Präsident in einem präsidialen System wie den Vereinigten Staaten von Amerika.

Die meisten Menschen erleben die Gesellschaft als Mitglied von Organisationen – Betrieben und Unternehmen, Verwaltungen und staatlichen Instanzen, Vereinen und Kirchen, Schulen und Interessenverbänden, Parteien und Gewerkschaften. Auch Organisationen sind letztlich Apparate, die komplexe Arbeitsteilung ermöglichen müssen, die die Gleichzeitigkeit von Unterschiedlichem bewerkstelligen, in denen es außerordentlich schwierig ist, Wirkungen zu entfalten, Selbstkompetenz zu spüren. Und es sind Organisationsarrangements, die soziale Sicherheit oder Unsicherheit repräsentieren – allesamt multilaterale Formen des Komplexitätsmanagements.

Mir geht es hier nicht darum, dies ausführlicher zu entfalten – also über eine Gesellschaft zu räsonieren, die an sich selbst die eigene Unübersichtlichkeit bemerkt, deren Steuerungskompetenz begrenzt ist, deren Effekte schwer kalkulierbar sind und deren Verflechtungen eindeutige Kausalitäten geradezu ausschließen.[9] Worum es hier geht, ist dies: Eine solche Gesellschaft schließt eine leicht wahrnehmbare Wahrheit aus. Etwas Substanzielles über die Gesellschaft zu sagen, hängt immer mehr davon ab, nicht nur auf das zermalmende Werk verteilter Intelligenzen und Gewaltenteilungen hinzuweisen, sondern auch zermalmender zu reden. Anders gesagt: Es gibt eine Inkompetenz der Eliten, das Grundproblem dieser komplexen Gesellschaft auf den Punkt zu bringen. Erst vor diesem Hintergrund bekommt Donald Trumps wohlkalkulierte und – leider – sehr kluge Kommunikationsstrategie ihren Sinn. Seine Behauptung, nun werde die Macht von Washington dem Volk zurückgegeben, trifft ins Schwarze – nur muss diese Macht sich dann eben in einer Form präsentieren, die den ganzen zermalmenden Apparat einer funktional differenzierten Gesellschaft, einer Gesellschaft verteilter Intelligenzen mit starken wechselseitigen Abhängigkeiten und eines politischen Systems mit kompliziertester Gewaltenteilung negiert und Sätze der Eliten damit als Lüge brandmarkt. Dass vieles von dem, was Trump da an Konzepten anbietet – man denke an die Protektionismuskonzepte, an eine nur mit mythischer Mathematik erklärbare Steuerreform usw. –, von all diesen Instanzen zermalmt werden wird, kann man wissen. Im Moment der populistischen Rede erscheint das alles aber als Lüge. Und dort, wo populistisch gelogen wird, erfüllt dies nur die Funktion, die Symmetrie des Hörens auszunutzen. Je mehr man dagegenredet, desto klarer erscheint die Botschaft. All das hat der US-amerikanische Wahlkampf vorgeführt, auch die Brexit-Kampagne, und es ist eine Blaupause für das, was bevorsteht.

Fünftes Motiv: Zermalmte Lügen

Die offene Frage ist die, wie man damit umgeht. Ein Gegenpopulismus wird es nicht sein können. Und das Gegenargumentieren auch nicht. Wahrscheinlich muss man praxeologisch denken. Das populistische Sprechangebot muss als das gesehen werden, was es ist: ein Aufmerksamkeitsgenerator, der die Grundstruktur des Politischen gut verstanden hat. Das politische System muss, wenn ich das so sagen darf, soziologisch unbescheiden sein. Politische Akteure müssen Angebote machen, die mehr versprechen, als man tatsächlich einhalten kann. Und sie müssen die Kunst beherrschen, ein Maß zu finden für diese Differenz. Sie müssen also damit rechnen, dass das politische Programm, wenn es denn zur Anwendung kommt, sich der zermalmenden Kraft einer Gesellschaft ausgesetzt sieht, die all das nach je eigenen Kriterien und Logiken verarbeitet und sich einem politischen System ausgesetzt sieht, das in seiner gewaltenteilenden Komplexität die Dinge nach eigenen Regeln kleinarbeitet. Das soll kein *wishful thinking* sein, auch keine unangemessene Entdramatisierung des Populistischen, aber wenigstens der Hinweis darauf, dass sich die Schwäche des politischen Systems – nämlich seine bisweilen enervierende Undurchdringlichkeit – als seine Stärke erweisen könnte. Denn all das, was Populisten anbieten, muss sich am Ende politisch bewähren. Und dafür bedarf es dann doch jener Erfolgsbedingungen, die genau das ausmachen, was demokratische Formen des Politischen ausmacht: Man muss durchhalten können, was man verspricht. Man kann wenigstens nicht ausschließen, dass das nicht gelingt. Insofern ist die Wahl Trumps nicht nur eine demokratische Selbstverständlichkeit, sondern auch die Tatsache, dass sich die Foren von der lauten Semantik auf die zermalmenden Routinen einer Gesellschaft verschieben, die nichts so belassen, wie es erscheint. Normalerweise pflegen wir darunter zu leiden. Heute hoffen wir darauf.

Anmerkungen

1 Matthias Gamer, Gerhard Vossel: »Psychophysiologische Aussagebeurteilung: Aktueller Stand und neuere Entwicklungen«, in: *Zeitschrift für Neuropsychologie* 20 (2009), S. 207–218.

2 Jürgen Habermas: *Technik und Wissenschaft als Ideologie.* Frankfurt am Main 1968, S. 163.

3 Vgl. Armin Nassehi: »Die Minimalmoral von Kommunikation. Eine soziologische Perspektive«, in: Jan Christoph Hellinger, Julian Nida-Rümelin (Hrsg.): *Anthropologie und Ethik.* Berlin 2015.

4 Friedrich Nietzsche: *Kritische Studienausgabe Bd. 1,* hrsg. von Giorgio Colli und Mazzino Montinari. Berlin/New York 1988, S. 881.

5 Vgl. Jürgen Habermas: »Eintritt in die Postmoderne. Nietzsche als Drehscheibe«, in: ders.: *Der philosophische Diskurs der Moderne.* Frankfurt am Main 1985, S. 104–129.

6 Jacques Derrida: »Die différance«, in: ders.: *Randgänge der Philosophie.* Graz/Wien 1988, S. 29–52.

7 Irmhild Saake: »Alles wird ethisch. Gremienethik als neue Herrschaftskritik«, in: *Kursbuch 176. Ist Moral gut?* Hamburg 2013, S. 47–63.

8 »Wir brauchen einen linken Populismus«. Interview mit Chantal Mouffe in der *Süddeutschen Zeitung* vom 28.12.2016; systematischer: Chantal Mouffe: *Über das Politische. Wider die kosmopolitische Illusion.* Frankfurt am Main 2007.

9 Dazu ausführlich Armin Nassehi: *Die letzte Stunde der Wahrheit. Kritik der komplexitätsvergessenen Vernunft.* Hamburg 2017; Armin Nassehi: *Gesellschaft der Gegenwarten. Studien zur Theorie der modernen Gesellschaft II.* Berlin 2011.

Barbara Zehnpfennig
Keine Lüge ohne Wahrheit
Zur Legitimität der politischen Lüge

Wahrheit ist »die Verpflichtung, nach einer festen Convention zu lügen«[1] – so die zynisch anmutende Behauptung Friedrich Nietzsches,
mit der er den menschlichen Wahrheitswillen schlechthin infrage stellen will. Wahrheit kann es für Nietzsche schon deshalb nicht geben,
weil die Lüge bereits in der Sprache liegt. Denn obwohl jedes Ding in-
dividuell ist, zwingt die Sprache es doch zur Unterordnung unter einen
allgemeinen Begriff: So glaube ich, »den Wind« zu spüren, wenn ich
doch nichts weiter wahrnehme als ein ganz konkretes Gefühl auf der
Haut. Die Sprache dichtet also zu meiner konkreten Empfindung eine
allgemeine Ursache hinzu. Zusätzlich zu dieser schon in der menschlichen Kommunikation angelegten Unwahrheit schafft sich jeder Mensch
auch noch seine eigene Wahrheit, nämlich die, welche seinem Überle-
benswillen dient. Dass aus dem hemmungslosen Verfechten der je eigenen Wahrheit der Kampf aller gegen alle beziehungsweise das nackte
Chaos entspringen würde, liegt auf der Hand. Nur um dies nicht her-
aufzubeschwören, haben sich die Menschen auf bestimmte »Wahrheiten« geeinigt, die für alle verbindlich sein sollen. Damit ist der Bereich
des Politischen nichts weiter als der Raum, in dem sich die stärksten,
die gemeinschaftserhaltenden Lügen durchgesetzt haben. Der Indivi-
dualegoismus ist dem Kollektivegoismus gewichen; mehr ist vom Menschen, von der Politik, von der Welt nicht zu erwarten.

Solch düstere Perspektive auf die Welt wie von Nietzsche vorgestellt
mag Labsal für den Skeptiker oder Zyniker sein. Wer allerdings logisch
zu denken gewillt ist, wird sogleich den Widerspruch bemerken, dem

auch Nietzsche nicht entgeht und der darin liegt, die Wahrheit zu leugnen und doch von der Lüge zu sprechen. Wenn es das eine nicht gibt, dann ist auch das andere hinfällig. Wer aber wäre bereit, diese Konsequenz zu ziehen? Sind beispielsweise all die Lügen, die den gerade hinter uns liegenden amerikanischen Wahlkampf bestimmten, gar keine, da es die Wahrheit ohnehin nicht gibt?

Was ist Wahrheit? Was ist Lüge?

Natürlich wird man sich, auch wenn man Nietzsches Generalskepsis im Hinblick auf die Wahrheit nicht teilt, schwertun, Wahrheit und Lüge immer trennscharf voneinander zu unterscheiden – die Übergänge sind fließend, gerade im politischen Bereich. Ist es schon eine Lüge, nicht die ganze Wahrheit zu sagen? Hat der Politiker gelogen, der bei einer humanitären Intervention in ein Land, das von einem Bürgerkrieg erschüttert wird, nur über den Einsatz von Drohnen spricht und damit den Eindruck erweckt, auf Bodentruppen völlig verzichten zu können? Die Interventionsbereitschaft wird es erhöhen, wenn auf der eigenen Seite kaum Verluste zu erwarten sind. Doch es wird zum Verlust von Menschenleben kommen, das ist in keinem Krieg zu vermeiden; muss man also das zu Befürchtende in größtmöglicher Härte ausmalen, in der Gewissheit, damit das eigene Land von der Hilfeleistung abzuschrecken, die das andere herbeisehnt?

Im genannten Fall wird man den Begriff der »Lüge« wohl mit Vorsicht gebrauchen. Erstens sind die möglichen Folgen des beabsichtigten Tuns noch gar nicht absehbar. Zweitens könnte man in dem manipulativen Verhalten des Politikers das Bemühen erkennen, das humanitär Wünschbare nicht gänzlich dem Eigeninteresse der Wähler auszuliefern. Hat aber der demokratische Politiker die Lizenz zu paternalistischer Führung des Wahlvolks, zu einer Beschönigung der Wahrheit, die auszuhalten er den Wählern nicht zutraut? Es könnte so sein. Vielleicht ist ja der demokratische Glaube an die Reife und Mündigkeit aller Menschen, die über das Wahlrecht verfügen, selbst etwas, das auf seinen Wahrheitsgehalt zu untersuchen wäre.

Scheint der Begriff der »Lüge« für das wohlbegründete Weglassen eines Teils der Wahrheit zu hoch gegriffen, so wird man auch bei rhetorischen Übertreibungen und Zuspitzungen, wie sie in der Politik oft vorkommen, nicht unbedingt gleich von Lüge sprechen können. Eine knallige Formulierung findet natürlich ganz andere Resonanz als ein gründlich abgewogener, sorgfältig differenzierter Kommentar. So kann man mit dem Begriff der »Rentenlüge« sehr viel mehr Wähler mobilisieren als mit Statistiken, die nachweisen, dass die früheren Prognosen über die Entwicklung des Rentenniveaus auf demografischen Hochrechnungen beruhten, deren Basis im Lauf der Zeit geschwunden ist. Ist die Rede von der »Rentenlüge« deshalb schon ihrerseits eine Lüge?

Ähnlich zweifelhaft steht die Sache bei politischen Versprechungen, deren Realisierung in den Sternen steht; sind sie unter der Rubrik der »Lüge« zu subsumieren? Aussagen über die Zukunft sind per se Teil eines unsicheren Genres. Wenn ich im Wahlkampf den weiteren Ausbau des Sozialstaats verspreche, habe ich erkennbar eine Gleichung mit vielen Unbekannten aufgestellt. Wie wird sich die Wirtschaftsleistung des eigenen Landes entwickeln? Wird mir der Wählerwille einen Koalitionspartner bescheren, der meine Pläne mitträgt? Welche unvorhersehbaren Kosten mögen den künftigen Haushalt belasten, sodass vielleicht sehr viel weniger Geld zur Verfügung steht als angenommen? Nur wer etwas verspricht, von dem er sicher weiß, dass er es nie wird einhalten können, verdient die Bezeichnung des Lügners. Politiker, die im Wahlkampf machen, was man eben im Wahlkampf macht, deshalb generell unter den Verdacht der Lüge zu stellen, würde wohl über das Ziel hinausschießen. Schließlich weiß der Wähler, dass der Wahlkampf in gewisser Weise ein Spiel ist; dazu hat er es zu lange mitgespielt.

Irgendwo findet das Spiel aber auch seine Grenzen. Von einem ganz anderen Kaliber sind nämlich handfeste Unwahrheiten, die man zum Beispiel über den politischen Gegner in Umlauf bringt, um ihn zu diskreditieren und ihm Wähler abspenstig zu machen. Der amerikanische

Wahlkampf konnte einen in dieser Hinsicht das Fürchten lehren: Dass der künftige amerikanische Präsident sich nicht scheute, mit Lügen über seine Gegenkandidatin zu operieren, die geeignet waren, ihre gesamte Reputation zu untergraben (»Hillary Clinton betreibt im Keller einer Pizzeria einen Kinderpornoring«), eröffnete eine neue Dimension des in demokratischen Systemen üblichen politischen Kampfes. Hier wurde buchstäblich mit allen Mitteln gefochten und der unausgesprochene demokratische Konsens, auch im politischen Wettstreit ein Mindestmaß an Anstand walten zu lassen, bewusst und brachial gebrochen. Das Unfassbare daran war nur, dass die Lügen Glauben fanden. Normalerweise würde man annehmen, dass, je fantastischer die Lüge, umso geringer die Wahrscheinlichkeit ihrer Akzeptanz. Doch hier schien es sich gerade umgekehrt zu verhalten; je absurder die Vorwürfe waren, umso mehr Menschen schienen sie zu glauben – vielleicht, weil niemand jenes Maß an Perfidie für möglich hielt, das man an den Tag legen musste, um die Wahrheit auf solch groteske Weise zu verzerren. Möglicherweise hatte aber auch fortgesetzter Internetkonsum die Wähler entsprechend desensibilisiert. Die undurchschaubare Melange von Fakten und Fiktion, von Information und Meinung, von wissenschaftlichen Hypothesen und Verschwörungstheorien, die man im Internet findet,[2] überfordert das Urteilsvermögen vieler Nutzer. Ihr Ausweg ist, sich in ihre »Echoräume« zurückzuziehen und nur noch mit Gleichgesinnten zu kommunizieren, was immer diese an abwegigen Ansichten produzieren. So gewöhnt man sich an das Unglaubliche, das schon deshalb wahr sein muss, weil es doch so viele glauben. Hier schlägt das demokratische Prinzip der Mehrheitsbildung in Wahrheitsfeindschaft um: Wahr ist, was die Mehrheit (zumindest die selbst gewählte Mehrheit der Ähnlichdenkenden) für wahr hält. Der Begriff des »Postfaktischen« passt in diesem Zusammenhang recht gut.

Sind, wie an den genannten Beispielen erkennbar, die Übergänge zwischen Wahrheit und Lüge im politischen Raum auch fließend, so ändert das doch nichts an der grundlegenden Dichotomie zwischen beiden. Die Lüge verkehrt die Wirklichkeit, die Wahrheit erfasst sie. Wenn man sich in die Tiefen erkenntnistheoretischen Nachdenkens stürzen wollte, könnte man hier natürlich die Frage anschließen: Was aber ist Wirklichkeit? Ohne diese Frage abschließend beantworten zu können – offenbar ist die Wirklichkeit mehr als eine Interpretationsfrage. Das wird spätestens dann klar, wenn sie einen einholt; auch die geleugnete Wirklichkeit kann sich schmerzhaft bemerkbar machen. Wahrheit, Wirklichkeit sind ganz offensichtlich etwas, das als möglich vorausgesetzt werden muss, wenn denn andererseits die Lüge möglich ist.

So positiv nun die Wahrheit im Allgemeinen konnotiert ist, so negativ die Lüge, denn sie ist mit Täuschung, Verhüllung, Irreführung verbunden. Deren Opfer will niemand werden. In dieser Hinsicht Täter zu sein, erscheint allerdings weniger schlimm, zumal man für sich selbst stets gute Gründe geltend zu machen versteht, weshalb die Lüge nur eine lässliche Sünde und manchmal geradezu geboten ist. Obwohl die Lüge moralisch verwerflich zu sein scheint – immerhin nutzt man dem anderen gegenüber sein Wahrheitsmonopol aus und enthält ihm die Wahrheit vor –, ist man bei ihr also doch schnell bereit, mit zweierlei Maß zu messen, je nachdem, ob man auf der Täter- oder auf der Opferseite steht. Ein absolutes Verbot der Lüge scheint auf jeden Fall von den wenigsten verfochten zu werden, und die Frage ist, ob es dafür außer Selbstgerechtigkeit nicht auch gute Gründe geben kann.

Wahrheit und Lüge im politischen Denken

Da sich das Verbot der Lüge bereits im Dekalog findet und dieser absolute Verbindlichkeit für sich in Anspruch nimmt, scheint es auch bei der Lüge keine Ausnahme zu geben. Doch bei genauerem Hinsehen zeigt sich, dass das achte Gebot durchaus ein Schlupfloch lässt. Immerhin lautet es: Du sollst nicht falsch Zeugnis ablegen *wider* deinen Nächsten. Die Lüge, die zum Schaden des anderen ausgesprochen wird, ist verwerflich. Von der, die möglicherweise zu seinem Nutzen erfolgt, ist in diesem Gebot nicht die Rede. Und das scheint auch die

Grundunterscheidung zu sein: Erfolgt die Lüge aus Eigennutz oder nicht? Was das für den politischen Bereich bedeutet, bleibt zu untersuchen. Hierbei helfen könnte der Blick in die Ideengeschichte: Platon, Machiavelli und Kant repräsentieren drei Grundmöglichkeiten, die Frage nach der Legitimation der politischen Lüge zu beantworten.

In Platons idealem Staat, der *Politeia*, sollen bekanntlich die Philosophen regieren, und das sind Menschen, die sich ganz der Wahrheitssuche verschrieben haben. Insofern könnte man annehmen, dass für sie Wahrhaftigkeit das oberste Gebot ist. Immerhin richten sie sich in ihrer Suche an dem Guten beziehungsweise an Gott aus, und Gott wird als der absolut Untrügliche dargestellt. Die göttliche Absolutheit ist nun zwar der Maßstab, dessen irdische Realisierbarkeit jedoch fraglich. Dass es dem Menschen vergönnt ist, ganz ohne Lügen auszukommen, nimmt der in der *Politeia* das Wort führende Sokrates deshalb nicht an. So nennt er zumindest drei Bereiche, in denen die »Unwahrheit in Reden«[3] als hinnehmbar gelten könnte. Erstens wäre es untunlich, den Feinden gegenüber die Wahrheit zu sagen. Das ist unmittelbar evident, denn sie wahrheitsgemäß über den Stand der Bewaffnung, die vorgesehenen Kampfstrategien und die Zahl der Kombattanten zu unterrichten, wäre erkennbar kontraproduktiv. Zweitens ist es erlaubt, Freunde durch eine Lüge vor einem Schaden zu bewahren. Das zu Beginn der *Politeia* dafür genannte Beispiel ist das einer geliehenen Waffe, die der Leihgeber in rasendem Zustand zurückfordert. Hier darf man ruhig behaupten, man hätte diese Waffe niemals bekommen. Drittens erscheint es zulässig, etwas als wahr darzustellen, das dadurch heilsame Wirkung bekommt, auch wenn man nicht weiß, ob es sich tatsächlich so verhält, oder sogar dann, wenn man weiß, dass es sich nicht so verhält. Das ist der »gennaios pseudos«[4], die »heilsame Lüge«.

Jener »gennaios pseudos« war und ist für Platon-Kritiker ein großes Skandalon, denn der konkrete Anwendungsfall, den Platon anführt, gibt dem Regenten, wie es scheint, einen Freibrief für die Manipulation der Bevölkerung. Nachdem Letztere nämlich aufgrund ihrer Begabungen und ihrer charakterlichen Ausstattung auf die drei Stände der Bürger, der Wächter und der Regenten aufgeteilt wurde, wird ihr durch einen Mythos vermittelt, nicht der Planer des Staates, sprich Sokrates, hätte sie dazu ausgewählt, sondern eine höhere Macht: Sie alle seien Kinder der Erde und Brüder. Nur sei einigen von ihnen durch Gott Erz, anderen Silber und wieder anderen Gold in die Seele beigemischt, wonach ihnen ihre Bestimmung zugeteilt worden sei. Künftig obliege es nun den Regenten, bei jedem Kind danach zu sehen, wie es mit seiner Seele beschaffen sei, da die Standeszugehörigkeit nicht vererbbar ist. So wird also ein göttlicher Ursprung für ein menschliches Urteil behauptet. Das stellt in der Tat eine Lüge dar.

Doch was rechtfertigt sie in Platons Augen? Auch wenn im Staat der *Politeia* die Führungspositionen in materieller Hinsicht die armseligsten sind, bleiben soziale Hierarchien immer ein Zankapfel. Der Mythos soll der Einteilung in Stände den sozialen Sprengstoff nehmen; Menschen werden nach Begabung, nicht nach Herkunft den verschiedenen Ständen zugeordnet, und über die Zuordnung sollen die entscheiden, die über überlegene Einsicht verfügen. Dass dies mythisch verbrämt wird, soll die Akzeptanz der jeweiligen Entscheidung erhöhen. Der Maßstab ist das Gemeinwohl: Jeder soll an dem Ort wirken, an dem seine Talente am besten zum Tragen kommen, und niemand soll aufgrund seiner Herkunft glauben, ein Anrecht auf eine bestimmte Standeszugehörigkeit zu haben. Hier soll die Lüge also zum Nutzen des Einzelnen wie des Staates erfolgen. Allerdings wird dabei der ideale Herrscher vorausgesetzt, der seinerseits kein Eigeninteresse verfolgt. Ein Freibrief für den normalen, empirisch vorfindlichen Regenten ist das nicht.

Das sieht bei Machiavelli entschieden anders aus. In seinem *Principe*, der eine Art Parodie auf den klassischen Fürstenspiegel darstellt, erteilt er Ratschläge aller Art, wie ein prospektiver Herrscher Macht erringen oder ein bereits etablierter Herrscher seine Macht erhalten kann. Von Gemeinwohl ist hier nicht die Rede, der gesamte Text ist auf die Perspektive des Machthabers zugeschnitten. Zwar wird als politisches Ziel die zu dieser Zeit (1513) noch in weiter Ferne liegende Einigung Italiens angegeben, welche mit buchstäblich allen Mitteln vorangetrieben werden soll. Doch es ist offensichtlich, dass Machiavelli über den konkreten Anlass hinaus Empfehlungen an die Hand geben will, autokratische Herrschaft zu sichern.

Dazu wählt er einen Standpunkt jenseits von Gut und Böse; moralische Kategorien zählen nicht in einem Bereich, in dem es ausschließlich um die Macht geht. So soll der Herrscher die Fähigkeit entwickeln, »nicht allein nach moralischen Gesetzen zu handeln sowie von diesen Gebrauch oder nicht Gebrauch zu machen, je nachdem es die Notwendigkeit erfordert«.[5] Ein solch instrumenteller Umgang mit der Moral bedeutet natürlich faktisch deren Aufhebung. Denn sie selbst ist damit nicht der Maßstab, sondern ihre Nützlichkeit für die eigenen Zwecke – eine Umkehrung der normalen Verhältnisse. Moral nämlich fordert Unbedingtheit, also gerade die Unterordnung der eigenen Interessen unter ihre Gesetze. Das eben macht die Schwierigkeit aus, moralisch zu handeln.

Davon suspendiert, darf sich der Herrscher bei Machiavelli schlicht aller Methoden der Machterhaltung bedienen, einschließlich der Lüge. Muss ein Herrscher sein Wort halten? Das ist nicht zu empfehlen, denn die Welt ist so beschaffen, dass in ihr die Ehrlichen die Dummen sind. So sollte der Regent auch das Tierische in sich stark machen und die Kräfte von Fuchs und Löwe in sich vereinigen: Fuchs, »um die Schlingen zu wittern«, die andere auslegen, und Löwe, »um die Wölfe zu schrecken«. Allerdings ist es ratsam, seine Fuchsnatur gut zu verbergen. Denn so wirksam sie in einer Welt ist, in der alle Menschen nur an sich denken und insofern nichts anderes sind als »Pöbel«, so wenig geschätzt wird es dennoch, den eigenen Egoismus offen erkennen zu lassen, besonders, wenn man der Fürst ist. Insofern sollte dieser ein »Meister in der Heuchelei und Verstellung«[6] sein.

Hier sind also offensichtlich alle Dämme gebrochen, und die Großen in der politischen Geschichte, auf die Machiavelli immer wieder bewundernd hinweist, sind in der Regel Machtpolitiker von erlesener Brutalität in der Selbstdurchsetzung wie Hieron von Syrakus, Hannibal und Cesare Borgia. Lüge, Verstellung und List sind da nur Teil eines umfassenderen Repertoires an normalerweise gesellschaftlich geächteten Verfahren, sich den eigenen Vorteil zu sichern. Insofern kommt der Lüge bei Machiavelli keine besonders herausgehobene Position zu. Dennoch interessiert, wie sie legitimiert wird.

Die Begründung, weshalb sie legitim ist, ist relativ banal: Es ist die Schlechtigkeit der Menschen. Da alle schlecht sind, befindet sich derjenige, der sich an die Regeln hält, immer im Nachteil. Die Untertanen stehen auch nur dann zu ihrem Wort, wenn der äußere Druck sie dazu zwingt. Insofern gibt es für den Herrscher als den Stärkeren umso weniger Grund, sich an zuvor gegebene Versprechen zu halten, den Untertanen die Wahrheit zu sagen usw. Letztlich zählt ohnehin nur der Erfolg. »Die Handlungen aller Menschen und besonders die eines Herrschers, der keinen Richter über sich hat, beurteilt man nach dem Enderfolg. Ein Herrscher braucht also nur zu siegen und seine Herrschaft zu behaupten, so werden die Mittel dazu stets für ehrenvoll angesehen und von jedem gelobt.«[7]

So rigoros Machiavelli nun in der Erlaubnis ist, sich ansonsten verfemter Mittel wie der Lüge zu bedienen, so rigoros ist andererseits Kant in deren Verbot. Für ihn gibt es nichts, das eine Lüge rechtfertigte. Auch wenn man in Bedrängnis ist, darf man kein Versprechen geben, von dem man weiß, dass man es nicht halten kann.[8] Doch das Verbot zu lügen betrifft nicht nur den Fall, in dem ich mir durch Lügen selbst einen Vorteil sichern will. Es bezieht sich sogar auf Fälle, in denen man zugunsten anderer lügt. Für Kant ist es nicht statthaft, einen unschuldig Verfolgten vor seinem Mörder zu schützen, indem man vorgibt, der Verfolgte befinde sich nicht im Haus. Hier wiegt der Verstoß gegen das Gebot, nicht zu lügen, schwerer als der Schutz des Unschuldigen.

Das ist nun schwer zu verkraften beziehungsweise zu verstehen, und so wie zuvor nach der Legitimation der Lüge zu fragen war, muss bei Kant die Frage nach der Legitimation ihres Verbots gestellt werden. Sie liegt, wie zu erwarten, in der von Kant behaupteten uneingeschränkten Geltung des kategorischen Imperativs. Das »Handle nur nach derjenigen Maxime, durch die du zugleich wollen kannst, daß sie ein allgemeines Gesetz werde«[9], bedeutet im Fall der Lüge: Niemand kann wollen, dass die Lüge zur Regel, zum allgemeinen Gesetz wird. Denn das würde den Gesellschaftsvertrag aufkündigen, nach dem man sich wechselseitig das Versprechen gegeben hat, sich an die Regeln zu halten, die das Zusammenleben ermöglichen. Wenn alle lügen, ist ein Zusammenleben nicht möglich. Von daher ist jede Lüge eine zu viel, denn sie stellt das allgemeine Gebot, nicht zu lügen, infrage.

Benjamin Constant hat gegen diesen Rigorismus Kants, der sich besonders markant am Beispiel des unschuldig Verfolgten zeigt, eingewandt, gerade ein solches Verhalten wie das von Kant geforderte mache ein gesellschaftliches Zusammenleben unmöglich. Denn Rechte und Pflichten müssten einander entsprechen. Niemand aber habe ein Recht auf Wahrheit, der die Wahrheit dazu benutze, anderen zu schaden.[10] Kant hat darauf entgegnet, die Lüge schade auf jeden Fall – wenn nicht dem konkreten Menschen, so doch der Menschheit. Jeder Vertrag werde nichtig, jedes aus ihm folgende Gesetz, wenn man kein Zutrauen mehr in das gegebene Wort haben kann.

Drei Positionen, drei Meinungen: Machiavelli erlaubt die Lüge uneingeschränkt, Kant verbietet sie uneingeschränkt, und dazwischen befindet sich Platon, der sie unter sehr restriktiven Bedingungen für statthaft hält: wenn Sie von jemandem, der das beurteilen kann, um des Gemeinwohls willen für unvermeidbar gehalten wird.

Die absolute Erlaubnis zu lügen führt, wie schnell einsehbar, zu einem völligen Vertrauensschwund und zur Unregierbarkeit; da hat Kant – gegen Machiavelli – zweifellos recht. Bleibt das Lügen dem Fürsten vorbehalten, etabliert dies das Recht des Stärkeren, das eben nur für diesen, nicht aber für die Schwächeren gilt. Auch dies wäre wohl eine zumindest in Demokratien unerwünschte Folge. Bliebe hingegen mit Kant die Lüge ausnahmslos verboten, müsste man im Namen des Rechts den Unschuldigen seinem Häscher ausliefern. Es ist zweifelhaft, ob dies das Recht wirklich stärkte oder ob sich darin nicht ein leerer Formalismus des Regelsystems offenbarte, der das Rechtsverständnis ebenso aushöhlen kann wie der Rechtsbruch. Mit Platon dem Weisen, der die politische Macht ausübt, ausnahmsweise die Lüge zu erlauben, wenn sie das für alle Gute befördert, ist natürlich riskant. Es setzt voraus, dass es sich tatsächlich um einen Weisen handelt. Andererseits zeigt schon der Alltag, dass man im Leben ohne Lügen nicht auskommt, und sei es, um einen anderen vor einer niederschmetternden Wahrheit zu bewahren. Wenn sich die Lüge also letztlich nicht völlig vermeiden lässt, dann sollte sie zumindest von dem gebraucht werden, der es gut mit den anderen meint. Das wäre vielleicht ein handhabbarer Kompromiss – oder doch nicht?

Das Gegenteil von gut ist gut gemeint

Es gut mit den anderen zu meinen, glauben viele. Damit ergibt sich das nächste Problem: Oft ist tatsächlich das gut Gemeinte das Gegenteil von gut. Ein treffendes Beispiel dafür ist WikiLeaks. Um der schon immer beargwöhnten Geheimpolitik der Politiker und Konzerne etwas entgegenzusetzen, um ihren vermeintlichen Lügen die Wahrheit entgegenzuhalten, veröffentlichten die Macher von WikiLeaks geheime Dokumente aller Art: Namen von Agenten, geheimdienstliche Dossiers, Videos von militärischen Operationen, E-Mails von Politikern, Bankdaten, Interna von Scientology usw. Sogar Material aus einem laufenden Untersuchungsausschuss geriet durch WikiLeaks an die Öffentlichkeit, so im Fall des NSA-Untersuchungsausschusses des Bundestags, in dem das geheimdienstliche Wirken des US-amerikanischen Dienstes NSA in Deutschland analysiert werden sollte. Transparenz hieß das Zauberwort. Durch Öffentlich-Machen des Nichtöffentlichen sollte niemand mehr von Regierungen, Unternehmen oder anderen mächtigen gesellschaftlichen Kräften über seine wahren Absichten belogen werden können.

Doch jene gut gemeinte Wahrheitsoffensive warf und wirft eine Vielzahl von Problemen auf. Wer hat die Macher dieser Plattform, die im

Namen demokratischer Offenheit auftreten, eigentlich ihrerseits dazu demokratisch legitimiert? Wissen sie, was sie tun, wenn sie geheime Dokumente veröffentlichen – wem sie damit möglicherweise ungewollt Schaden zufügen, etwa wenn aufgrund des gelieferten Materials Agenten enttarnt oder Dissidenten identifiziert werden können? Wie sicher kann WikiLeaks sein, nicht selbst Fälschungen aufzusitzen und auf diese Weise seinerseits Lügen zu verbreiten? Weiß der Internetnutzer wirklich, was das Material bedeutet, das ihm nun zugänglich ist, da er doch den Kontext nicht kennt und auch kein Fachmann auf dem entsprechenden Gebiet ist? Muss man immer bösen Willen hinter einer Geheimhaltung vermuten, oder gibt es für sie nicht manchmal auch gute Gründe, etwa um polizeiliche Ermittlungen nicht zu gefährden? Diese und viele andere Fragen ließen sich stellen, an denen sich ablesen lässt, wie problematisch das Wirken selbst ernannter Kämpfer gegen die Lüge sein kann, die nach eigenem Maß über das öffentliche Gute urteilen.

Vollends zweifelhaft aber wird die Sache, wenn nicht nur das Gute, sondern auch die Wahrheit (und damit selbstredend auch die Lüge) nach eigenem Maß bemessen wird. In einem Interview ließ ein ehemaliger Mitstreiter[11] des prominentesten Vertreters von WikiLeaks, Julian Assange, verlauten, Letzterer betreibe mit seinen WikiLeaks-Veröffentlichungen eine eigene, letztlich antiamerikanische Agenda. Das erklärt, wieso seit geraumer Zeit hauptsächlich Dossiers an die Öffentlichkeit geraten, welche die USA in Diskredit bringen, während Veröffentlichungen über solch »menschenrechtsfreundliche« Staaten wie Russland oder China ausbleiben. Dass der Hackerangriff auf die Parteileitung der amerikanischen Demokraten der republikanischen Präsidentschaftskampagne Munition lieferte und so Donald Trump an die Macht befördern half, zeigt, dass die Manipulation der Wahrheit sich auch gegen den Manipulator wenden kann. Trump zu helfen, hatte Assange sicher nicht beabsichtigt. Hier rächt sich die eigene Hybris. Über die Machenschaften der USA zu berichten und über die Verbrechen solcher Staaten wie Russland, China, Nordkorea oder der Türkei zu schweigen, stellt ein

Ver- und Beschweigen der Wahrheit dar, das die Grenze zur Lüge bereits zu überschreiten droht.

Wahrheit und Lüge in Zeiten des Relativismus

Dass solch problematischer Umgang mit der Wahrheit wie im Fall von Assange gerade im Namen der Wahrheit erfolgt, verweist auf eine Schieflage, in der sich die gesamte Debatte um die Frage der Lüge und Wahrheit befindet: Über Wahrheit im strengen Sinn reden primär die Ideologen, während die meisten anderen sich an eine relativistische Abwertung der Wahrheit gewöhnt haben. Danach hat jeder so seine Wahrheit, doch *die* Wahrheit gibt es nicht. Merkwürdigerweise erfährt die Lüge keine vergleichbare Relativierung, hier ist die Empörung immer einhellig, wenn zum Beispiel ein Politiker der Lüge überführt wurde – es sei denn, man ist ein so bedingungsloser Anhänger, dass man sich dadurch nicht beeindrucken lässt. Dann leugnet man aber im Allgemeinen, dass es sich um eine Lüge gehandelt hat, womit man den unanzweifelbar negativen Status der Lüge bestätigt.

Wie kann man aber die Lüge verdammen, wenn es die Wahrheit nicht gibt? Solche Ungereimtheit scheint nur wenigen aufzufallen. Der Widerspruch setzt allerdings schon viel früher ein, nämlich dann, wenn man von »Wahrheiten« spricht, als wäre dies ein sinnvoller Begriff. Es liegt im Wesen der Wahrheit, solitär aufzutreten. Wo der Plural ist, ist die Sache bereits verloren, denn es kann nicht Verschiedenes, auch einander Widersprechendes gleichzeitig und im gleichen Sinn wahr sein. Hier stößt man einfach an die Grenzen der Logik.

Es war wohl nicht zuletzt die verhängnisvolle Erfahrung mit dem politischen Wahrheitsanspruch, den die Ideologien und in ihrem Gefolge die totalitären Systeme des 20. Jahrhunderts erhoben, welche den Anspruch auf Wahrheit insgesamt in Verruf gebracht hat. Die Ideologen behaupten, die Wahrheit zu haben; alles, was sich ihnen entgegenstellt, muss demzufolge der Lüge verfallen sein. Welch unendliches Leid dieser Glaube, bereits im Stand der Wahrheit zu sein, über die Menschheit gebracht hat, belegen die schier unfassbaren Opferzahlen, die Kommunismus und Nationalsozialismus verursacht haben. Doch muss man den Menschenopfern auch noch die Opferung der Wahrheit folgen lassen? Dass man auf sie bei allem Gerede darüber, dass es sie nicht gebe, nicht verzichten kann, zeigt nicht nur die Ablehnung der Lüge, sondern auch die selbstverständliche Beanspruchung der Wahrheit für die eigene Position – und bestehe Letztere auch darin, die Möglichkeit der Wahrheit zu leugnen. Was bedeutet das nun für den politischen Diskurs? Die ideologische Anmaßung, über Wahrheit und Lüge zweifelsfrei befinden zu können, bereitet den Weg ins Verderben; das hat die Geschichte bewiesen. Der Verzicht auf die Wahrheit ist faktisch nicht realisierbar und logisch nicht haltbar; das sollten die vorangegangenen Überlegungen zeigen. Wenn die Wahrheit als Maßstab aber einerseits unverzichtbar, andererseits jedoch nicht einfach verfügbar ist, bleibt eigentlich nur, den großen Vorteil, den eine freie, pluralistische Gesellschaft bietet, auch als solchen wahrzunehmen: nämlich die Vielfalt der Meinungen dazu zu nutzen, sich in gemeinsamer Anstrengung darum zu bemühen, die Wahrheit zu finden. Das setzt voraus, dass man sich selbst die Wahrheit nicht einfach zuspricht und dem anderen die Möglichkeit der Wahrheit nicht einfach abspricht. So kann man zur gemeinsamen Prüfung der Meinungen übergehen. Die Wahrheit in den Meinungen kann sich als solche dann nur durch Überwindung des logischen Widerspruchs ausweisen.

Die Lüge weist auf das Fehlen der Wahrheit hin; sie bestätigt deren Notwendigkeit. Als negativer und als positiver Maßstab sind beide unverzichtbar. Duldbar erscheint die Lüge, auch die politische Lüge, allerdings nur dann, wenn sie im Dienst einer höheren Sache steht. Über diese zu befinden, ist offenbar nicht jeder berufen, der sich diese Aufgabe zumutet oder zutraut. Insofern muss man auf die segensreiche Wirkung demokratischer Selektion des politischen Personals hoffen, an der zu zweifeln man angesichts des letzten amerikanischen Wahlkampfs und auch bestimmter Entwicklungen in Europa allerdings einigen Anlass hat. Doch was bleibt als Alternative? Wichtig ist es, die Maßstäbe nicht zu verschleifen. Und dazu kann der Wähler einiges beitragen – zum Beispiel indem er nicht den Politiker schon als wahrhaftig empfindet, der ihm nach dem Mund redet, und Lügen dann zu glauben gewillt ist, wenn sie den eigenen Vorurteilen entsprechen.

Anmerkungen

1 Friedrich Nietzsche: »Ueber Wahrheit und Lüge im aussermoralischen Sinne«, in: Friedrich Nietzsche. *Sämtliche Werke. Kritische Studienausgabe in 15 Bänden*, Bd. 1, hrsg. von Giorgio Colli und Mazzino Montinari. München 1999, S. 881.

2 Vgl. dazu Barbara Zehnpfennig: »Mehr Transparenz – weniger Demokratie? Die politische Bedeutung des Internets«, in: Marianne Kneuer (Hrsg.): *Das Internet: Bereicherung oder Stressfaktor für die Demokratie?* Baden-Baden 2013, S. 35–56.

3 Platon: *Politeia* 382 c, in: *Platon Werke IV*, hrsg. von Gunther Eigler. Darmstadt 1971.

4 Ebd., 414 c.

5 Niccolò Machiavelli: *Der Fürst*, übers. und hrsg. von Rudolf Zorn. Stuttgart 1978, S. 63.

6 Ebd., S. 72.

7 Ebd., S. 74.

8 Vgl. Immanuel Kant: *Grundlegung zur Metaphysik der Sitten*, in: Immanuel Kant, AA IV, S. 402 f.

9 Ebd., S. 421.

10 Vgl. das Zitat aus Benjamin Constant: *Von den politischen Gegenwirkungen*, in: Immanuel Kant: »Über ein vermeintes Recht aus Menschenliebe zu lügen«, in: Immanuel Kant, AA VIII, S. 425.

11 Daniel Domscheit-Berg in dem Interview: »Assange leidet an völliger Selbstüberschätzung«, in: *Frankfurter Allgemeine Zeitung* vom 24.12.2016.

Fritz Breithaupt, Martin Kolmar
Fakten oder *Faketen?*
Eine Geschichte postfaktischer Autoritäten

Die Rede vom »Postfaktischen« vertuscht, dass das Faktische immer schon die Ausnahme war. Wir entscheiden anders. Wir waren in einem bestimmten Sinne immer Anhänger einer gefühlten Wahrheit, die sich eher weniger als mehr mit dem deckt, was die Wissenschaft oder andere Autoritäten als Konsens anerkennen. Einfacher gesagt: Wissen und Fakten waren meist Ausreden zur Deckung unserer Ideologien und Affekte. Die meisten Menschen haben keine ausgefeilten Theorien über die Wirklichkeit, sondern Vorstellungen, die sich diffus aus dem Zeitgeist speisen. Und dies ist kein Problem mangelnder Bildung. Auch und vielleicht sogar gerade »Gebildete« haben ihre postfaktischen Welten, ihnen fällt es nur leichter, diese narrativ clever zu erzeugen.

Unwahrscheinlich war eigentlich die *Diktatur des richtigeren Arguments.* Die Autorität der Experten musste eine Rechtfertigung finden, die eine Ausnahme zum demokratischen Prinzip der Gleichrangigkeit aller Lebensentwürfe und Vorstellungen legitimiert. Damit Wissenschaft funktioniert, muss es einen außerpersonalen Standard geben, der die Bewertung aller Aussagen erlaubt. Insofern sind Wissenschaft und Expertentum das letzte Refugium legitimer, allerdings nicht personaler, sondern struktureller Diktatur.

Besonders unwahrscheinlich war nun, dass diese »Diktatur des richtigeren Arguments« für einige Jahrhunderte als das Fundament der westlichen Welt fungierte. Wie konnte es dazu kommen, und wieso ist diese Epoche nun, vielleicht, zu einem Ende gekommen?

Um dies zu verstehen, muss man sich an die Grenzen dessen erinnern, was sich wissenschaftlich verstehen lässt. Diese liegen nur scheinbar, das heißt nur aus der Perspektive des Wissenschaftlers, in dem Noch-Unbekannten. Sie liegen vielmehr in der *Begründung* der Wissenssuche. Der Experte kann zwar sagen,»wie« etwas gemacht wird, aber nicht,»warum« es gemacht wird. Wissenschaft bringt als Nebenprodukt die Teflonpfanne hervor, aber nicht, weil dies ihr Ziel war, sondern sie bestenfalls»von außen« unter ein Nützlichkeitspostulat gestellt wurde. Die Frage der Werte und des Nutzens von Wissen liegt nach dieser Vorstellung jenseits der Sphäre des Experten. Wenn wir in ihm nicht einen Experten des»wissen, wie« sondern des»wissen, warum« suchen, verwechseln wir ihn mit dem Religionsführer der vorsäkularen Zeit. Er (und es waren ja in der Regel Männer) war der Experte für den Sinn. Mit der Ablösung des religiösen durch den wissenschaftlichen Experten entstand daher eine Leere im Zentrum, die Leere des Warum. Richtet sich die Erwartung einer Beantwortung solcher Fragen an den Experten, so muss er zum Scharlatan werden.

Warum wird diese Autorität zunehmend nicht mehr als legitim anerkannt? Man könnte argumentieren, dass dies Ausdruck jahrelanger ideologischer Demontagebemühungen bestimmter Gruppen, Thinktanks und Medien ist, die Experten- und Intellektuellen*bashing* zu ihrer vornehmsten Aufgabe gemacht zu haben scheinen. Aber es braucht nicht nur jemanden, der drückt, der Erfolg beim Umsturz ist auch eine Funktion des Widerstands»von innen«. Und der ist gering, weil im Wahrheitsbegriff der Wissenschaft das selbstzersetzende Element schon enthalten ist. Die Autorität des Expertentums basiert auf einer Vorstellung des Warum, die aus sich selbst heraus nicht beantwortbar ist; das Paradigma ist paradoxal. Die Postmoderne entlässt ihre Kinder.

Wenn die Wissenschaft nur»Wie«-Fragen, nicht aber»Warum«-Fragen beantworten kann, untersteht sie letztlich einem Nützlichkeitspostulat. Es ist eine höchstens instrumentelle Vernunft, die hier waltet, und damit ist die Legitimität nicht absolut, sondern ebenfalls nur instrumentell. Diese rein instrumentelle Vernunft richtet sich aber reflexiv gegen die Wissenschaft selbst: Sie kann kein Argument entwickeln, welches ihre Autorität rechtfertigt. So stehen die Expertin und der Experte hilflos vor dem Demagogen wie das Kaninchen vor der Schlange.

Ein »säkularer Experten- und Wissenschaftsdogmatismus« steht völlig gleichberechtigt neben anderen (religiösen und politischen) Dogmatismen im Supermarktregal der subjektivistischen Gesellschaften: freie Wahl für freie Bürger – und Bürgerinnen auch.

Woher kommt das »Warum«?

Man wird die Begründung der Wissenskultur und der »Diktatur des richtigeren Arguments« am ehesten in den Narrativen der Neuzeit finden. Selbstverneinung, Entsagung und Askese schafften dort die Bedingungen, unter denen man später einmal belohnt werden sollte. Die Narrative werden zum Beispiel unter dem Begriff der protestantischen Ethik, aber auch der Selbstprüfung und des Bildungsromans verhandelt. Ein gelingendes Leben war das hart erprobte Leben. In der Lebensphilosophie der Sparsamkeit konnte das durchaus aufgehen.

Diese Narrative waren selbst nicht auf Wahrheit gegründet, auch wenn sie zur Begründung des richtigen und falschen Arguments dienten. Derartige Narrative offerieren Leitvorstellungen von dem, was nicht nur zu tolerieren, sondern als Herausforderung des Lebens geradezu erwartet war. Vor allem die Leitmetapher, dass unser Leben als Narration abläuft, unterwirft das Leben Vorstellungen von Wandel, Schicksalsschlag, Verzicht und Vieldeutigkeit. Diese Metapher erlaubt auch, Momente der Schwäche, Niederlage, des Unglücks und des harten Erleidens als notwendigen Teil des Lebens zu begreifen, insofern sie den ersten Schritt für einen Neubeginn legen. Jedes Element einer Narration kann verschieden erzählt und ausgelegt werden.

Die Frage des Warum des Lebens wird von der Metapher des Lebens als Erzählung mithin nicht beantwortet, sondern suspendiert, insofern sie die Lebenserzählung durch eine Vielfalt an Wiedererzählungen und Versionen ersetzt. Erzählung besteht ja darin, dass sie immer wieder neu und anders erzählt werden kann, um die Dinge je in das beste Licht zu rücken. Sie liefert keine Antwort, sondern setzt sich an die Stelle von Antworten. Erzählungen liefern insofern weder die Wahrheit noch die Lüge, und alle Vorbehalte Platons gegen die Künste der Fiktion mögen insofern berechtigt sein. Sie sind ähnlich den Ausreden – doch als solche haben sie einen zeitlichen Index, der stets eine Neuerzählung erlaubt und eine andere Zukunft auch der narrativen Darstellung nahelegt. Was Narrationen mit dem Index auf eine andere Zukunft einüben, gerade weil sie selbst nicht auf Wahrheit gegründet sind, ist die Möglichkeit, die Autorität des besseren Wissens anzuerkennen. Narrative retten die christliche Demut in der Form des Abwartens in die Neuzeit.

Dazu kommt nun eine besondere Bedingung, nämlich dass die Narrative weder vollständig in einer mythischen Welt begründet sind, noch dass sie bereits in einem egalitären Zustand des *anything goes* angekommen sind. Die Narrative der westlichen Neuzeit enthielten als »Belohnung« ein *Transzendenzversprechen*, wie Charles Taylor dies in *A Secular Age* nennt. Dies ist umso wirkungsmächtiger, als es nicht als kulturelles Konstrukt verstanden wird, obwohl es das ist. In einem solchen Konstrukt entsteht aber eine »spirituelle« Leere, die eine säkulare Gesellschaft destabilisiert, wenn das Transzendenzversprechen verschwindet. Dieses Transzendenzversprechen war in den letzten Jahrhunderten wesentlich mit Konsum und Arbeit verbunden. Doch eben diese beiden sind in unserem Zeitalter an eine Grenze geraten. Unsere westliche und industrielle Welt ist, auch wenn wir es leicht vergessen, übersättigt. Konsum gilt nur noch dem neusten Schrei, keinem tiefen Bedürfnis mehr. Und das Zeitalter der Arbeit ist fühlbar ans Ende gelangt und scheitert immer häufiger daran, ein Versprechen von gelingendem Leben einzulösen.

Mit einer Ablösung der Narrative von klaren Werten geht auch eine Neuvermessung von Autorität einher: »Postfaktisch« waren wir schon immer, und zwar nicht aus Faulheit oder Borniertheit, sondern aus Notwendigkeit. Jeder von uns muss bei dem Versuch scheitern, sein Denken und Handeln wissenschaftlich zu fundieren. Mit einer nicht postfaktischen Gesellschaft muss daher eine Gesellschaft gemeint sein, die die eigene »gefühlte« Wirklichkeit einer bestimmten Autorität unterwirft: der Autorität des Experten und damit der Diktatur des besseren Arguments. Was heute passiert, ist daher kein Übergang vom »faktischen« zum »postfaktischen« Argumentieren, sondern eine Weigerung der Anerkennung meritokratischer und wissenschaftlicher Autorität, die ihrem Anspruch nach notwendig rückgebunden ist an die Gelingendes-Leben-Narrative, die Narrative des »wissen, warum«, obwohl sie doch nur eine Autorität des »wissen, wie« besitzt. So wanken die Narrative, die Lebensentwürfe und die Vorbilder, denen wir nacheifern.

Kurz: Die Karriere des Postfaktischen ist genau keine Krise des Wissens, sondern eine Krise dessen, was wir als Autorität anerkennen. Wir stehen möglicherweise am Ende der Periode des wissenschaftlichen Exzeptionalismus.

Noch einmal mit Gefühl: Wird die »Lüge« denn nicht bestraft?

Man kann nun mit Recht die Frage stellen, ob eine in diesem Sinne »postfaktische Gesellschaft« nicht kurz- oder zumindest langfristig massiv negative Folgen einer Leugnung wissenschaftlicher »Fakten« erwarten muss. Nähern wir uns dieser Frage aus einer evolutionsbiologischen Perspektive.

Intuitiv würden viele Menschen glauben, dass unsere Wahrnehmung die Wirklichkeit mehr oder weniger akkurat wiedergeben sollte. Andernfalls hätte unsere Gattung doch durch den Prozess der Mutation und Selektion verdrängt werden müssen. Wenn ich denke, dass die Giftschlange auf der Straße ein Stock ist, ist das genetische Experiment bald zu Ende. Daher sollten unsere Vorfahren, die die Wirklichkeit präziser sahen als andere, einen selektiven Vorteil gehabt haben, der über viele Generationen weitergegeben und verfeinert zu einer ziemlich präzisen Wahrnehmung der Wirklichkeit führen sollte. Diese These klingt plausibel, ist aber wohl falsch. Wenn Evolution nach dem Prinzip der Adaption und Selektion funktioniert, um Überleben und Fortpflanzung zu ermöglichen, kommt der »Wahrheit« nur insoweit eine Rolle zu, als sie einen Anpassungsvorteil bietet. Dabei bezeichnet der Begriff Anpassungsvorteil den Umstand, dass eine Eigenschaft gegenüber einer anderen Eigenschaft eine höhere Überlebenswahrscheinlichkeit innerhalb der für den Organismus relevanten (sozialen oder sonstigen) Umwelt besitzt.

Das bedeutet aber, dass nur dann für eine präzisere Wahrnehmung der Wirklichkeit selektiert wird, wenn mit dieser ein Anpassungsvorteil verbunden ist. Damit dies gewährleistet sein kann, müssten Anpassungsvorteil und Wahrheit perfekt miteinander korreliert sein. Nur dann führt Selektion dazu, dass sich eine präzisere Wirklichkeitswahrnehmung über die Zeit durchsetzen kann.

Dies ist aber nicht der Fall. Nehmen wir Wasser als hypothetisches Beispiel. Man verdurstet, wenn man zu wenig Wasser zur Verfügung hat, und man ertrinkt, wenn es zu viel ist, sodass eine mittlere Wassermenge optimal für das Überleben ist. Das bedeutet aber, dass natürliche Selektion nicht bezüglich der Präzision der Wirklichkeitswahrnehmung selektiert, sondern nach etwas anderem. Eine krude Heuristik, die zu wenig und zu viel Wasser als »rot« und genug Wasser als »grün« wahrnehmen lässt, hat bei knappen kognitiven Ressourcen der Fähigkeit, die Wassermenge präzise abzuschätzen, einen Selektionsvorteil. Das menschliche Sehvermögen entspricht natürlich nicht dem des Beispiels, aber auch hier gilt, dass nur ein gewisser Bereich des gesamten Lichtspektrums bewusst gesehen werden kann. Wahrheit hat aus einer evolutionären Perspektive nur insoweit eine Funktion, als sie dem Überleben und der Reproduktion dient. Der Mathematiker Chetan Prakash hat ein Theorem bewiesen, welches besagt, dass in einem evolutionären Mechanismus ein Organismus, der die Wirklichkeit so sieht, wie sie wirklich ist, niemals angepasster ist als ein gleich komplexer Organismus, der seine Anpassung maximiert.

Dies erklärt auch unsere Tendenz zum Konfabulieren, also aus unserem Erleben narrativ irgendeinen Sinn zu rekonstruieren, unabhängig davon, ob die Geschichte, die wir uns erzählen, »stimmt«: Nicht die richtige Erklärung wird evolutionär selektioniert, sondern die angepasste. Bei der Wahrnehmung geht es darum, Kinder zu bekommen, und nicht darum, die Wahrheit zu erkennen. Dies hat weitreichende und erstaunlich praktische Folgen. John Searle unterscheidet zwischen Objekten wie Schlangen, Bäumen und Bergen, die seiner Vorstellung nach eine objektive Ontologie besitzen, und gesellschaftlichen Normen, Institutionen und Bräuchen, die nur als Konvention existieren und daher eine subjektive Ontologie aufweisen.

Der Druck zum Erkennen der Wirklichkeit ist noch vergleichsweise groß, wenn wir es mit Objekten mit objektiver Ontologie zu tun haben und bei denen ein Irrtum oder eine Lüge unmittelbare und fatale Folgen für das Individuum hat: Wenn ich die Giftschlange für einen Stock halte, bin ich bald tot. Der Selektionsdruck für »Wahrheit« ist schon geringer, wenn die Folgen mit einer großen zeitlichen Verzögerung auftreten, wie dies zum Beispiel beim Klimawandel (noch) der Fall ist. Wenn ich ihn leugne, passiert mir erst einmal nichts Schlimmes, ich habe im Gegenteil kurzfristig vielleicht sogar Nachteile aus seiner Anerkennung, da ich mein Verhalten ändern müsste.

Und an dieser Stelle tritt noch ein zweiter Effekt hinzu: Ich bin ja nicht allein auf der Welt, sondern Mitglied einer Gruppe, die bestimmte Normen und Riten aufweist, sodass auch noch die Anerkennung der Gruppennormen einen Überlebenswert für mich besitzt. Ich habe tendenziell einen Anreiz, mich gemäß den Gruppennormen zu verhalten. Der Ausschluss aus der eigenen Gruppe war für einen Großteil der Menschheitsgeschichte ein fast sicheres Todesurteil, und der Status in der Gruppe bestimmend für den ökonomischen und reproduktiven Erfolg. Daher sind wir intuitiv parochiale Altruisten: Wir unterscheiden intuitiv zwischen »wir« und »ihr« und haben ein hohes Maß an Kooperationsbereitschaft innerhalb des eigenen »Stammes«. Dies lässt sich bis hinab auf die hormonelle Ebene nachvollziehen, der Neurotransmitter Oxytocin scheint eine wichtige Rolle bei der Regulation von Gruppenverhalten zu spielen. Die Robustheit und die Verhaltenskonsequenzen des parochialen Altruismus sind in unzähligen Experimenten von Sozialpsychologen, Neurowissenschaftlern und Verhaltensökonomen nachgewiesen worden.

Wenn nun in der Gruppe eine Norm existiert, die besagt, dass es keinen Klimawandel geben kann, ist der Zielkonflikt einfach zu entscheiden: Die Anerkennung der Wahrheit des Klimawandels bringt mir keine kurzfristigen Vorteile, schädigt mich aber innerhalb meiner Gruppe, ich bin kein »gutes« Mitglied mehr. Selbst wenn die Gruppe die Norm besitzt, dass es keine Schlangen, sondern nur Stöcke auf Straßen geben kann, ist es unklar, was mir mehr schadet, das Risiko eines Bisses oder der Bruch der Gruppennorm.

Noch schlechter sieht es für Objekte mit subjektiver Ontologie aus, für soziale Konventionen. Diese existieren überhaupt erst, weil sie durch einen koordinierten Sprechakt gemeinsam erzeugt werden. Hier leistet die »Wirklichkeit« keinen Widerstand jenseits der Konvention. Es ist albern, wenn ich als Einziger die Existenz der Schweiz als rechtliches Gebilde leugne, aber wenn dies alle Menschen tun, verschwindet sie einfach. Aktueller: Wenn die *political correctness* in Amerika nun mit den Füßen getreten wird, gibt es sie bald wirklich nicht mehr. Daher ist die Wahrheit sozialer Konventionen ohnehin filigran. Spielen Gruppendynamiken eine Rolle, kann alles Mögliche passieren. Die Konvention kann persistent sein, obwohl sie dysfunktional ist, oder sie wird durch eine andere ersetzt, weil man sich auf eine neue einigt. Die Wirklichkeit einer Konvention schillert schon von Beginn an. Die Lüge von heute kann die Wahrheit von morgen sein.

Was ist in diesem Zusammenhang eigentlich dann Wissenschaft? Wissenschaft ist nichts anderes als ein nach bestimmten Normen disziplinierter Prozess der gemeinsamen Konfabulation. Wenn diese den Prozess stabilisierenden Normen wegfallen und zum Beispiel durch einen »Stammeskonflikt« ersetzt werden, sind »Fakten« erstens nur noch eine Waffe im Kampf gegen den Gegner und zweitens Symbol der eigenen Unterwerfung unter die Gruppennormen: Mein Stamm verstößt mich, wenn ich anerkenne, dass sich die Erde um die Sonne dreht, anthropogener Klimawandel stattfindet, es die Dreifaltigkeit gibt, Lebewesen aus einem evolutionären Prozess heraus entstanden sind usw. Hierzu George Orwell in seinem Buch *1984*: »Zu guter Letzt würde die Partei verkünden, daß zwei und zwei gleich fünf sei, und man würde es glauben müssen. […] Denn wie können wir schon wissen, ob zwei und zwei wirklich vier ist? Oder ob das Gesetz der Schwerkraft stimmt? Oder ob die Vergangenheit unveränderlich ist?« Denn die richtige Antwort auf die Frage nach der Summe von zwei plus zwei ist die Liebe zur Partei und zum Großen Bruder.

Aber diese »Stämme« können nicht nur Nationen, Religionen, politische Parteien sein. Auch Wissenschaft eignet sich vorzüglich zur Stammesbildung. So entsteht allerlei: Engel, Teufel und Hexen; effiziente Märkte und ineffiziente Märkte; Wachstum durch steuerliche Entlastung der Reichen und Wachstum durch die steuerliche Belastung der Reichen; Wachstum als Lösung des Problems und Wachstum als Ursache des Problems, der historische Materialismus, entartete Kunst, die Protokolle der Weisen von Zion. Sie verstehen das Prinzip.

Die Anerkennung oder Nichtanerkennung dieser Konventionen oder »Fakten« hat nur einen vernachlässigbaren unmittelbaren Effekt auf das eigene Leben, die Auswirkungen für die eigene Position in der Gruppe können aber dramatisch sein. Zweifel an der Richtigkeit der Gruppennorm bekommt man dann in der Regel schon narrativ beigeschliffen.

Der Sinn der Wahrheit ist aus dieser Sicht, dass sich die Gruppenmitglieder einig sind. Wenn zwei Wissenschaftler sich streiten, werden die Beobachter dem recht geben, der die richtigeren Argumente auf seiner Seite hat. So kann die Gruppe, trotz Streit, zusammenhalten. Bei juristischen und moralischen Auseinandersetzungen geht es darum, dass die Beobachter sich für die gleiche Partei einsetzen, um den Konflikt zu beschränken und zu schlichten. Entlarvte Unwahrheiten und Lügen haben dabei wichtige Signalwirkung, weil sie Parteinahmen – für die je andere Seite – beflügeln. Doch wenn Einigkeit oder auch nur die spontane Koalition der wichtigere Zweck ist, zählt eben die Verfügbarkeit der Signale, nicht ihre Absolutheit. Wichtig an den Signalen ist aus

Sicht der Gemeinschaftsfestigung, dass die Signale flexibel geschwenkt und dem jeweiligen Narrativ angepasst werden können. Statt fester Signale sucht die Gemeinschaft Flaggen, die in den Wind gehalten werden können. Wahrheit ist dafür zu starr und unhandlich.

Nach der Autorität des besseren Arguments

Man könnte dies als tragischen Verlust beschreiben und sich nostalgisch die frühere Epoche zurückwünschen. Wir, die Autoren als Wissenschaftler, dürfen das wohl auch, denn wir gehören zu den Verlierern. Wir verlieren unsere Legitimität und unseren Anspruch auf eine gesellschaftlich privilegierte Rolle. Doch wozu jammern? Interessanter ist der Blick nach vorn.

Fragen wir doch einmal, welches die Autoritäten in einer neuen postfaktischen Weltordnung sein werden. Aus welchen Quellen wird sich ihre Anerkennung speisen? Naiv wäre es anzunehmen, dass die Autoritäten verschwinden werden, auch wenn sie den Gelehrten nicht mehr als »auctoritas« zur Begründung ihrer Argumente zur Verfügung stehen. Die neuen Autoritäten werden nicht mehr das »Richtig« und »Falsch« vorgeben, aber dennoch ein »So wird's gemacht« für andere zur Nachahmung ausstellen.

Die Welt ist derzeit besessen von dem *Typus Donald Trump*. Ihm verdankt sich die Rede vom Postfaktischen. Ihm ist es denn auch gelungen, jeden Vorwurf, er habe gelogen oder sich schlecht verhalten, als einen Angriff gegen seine Person zu inszenieren. Und weil er angegriffen wird, kann er sich dreist verteidigen. Die Szenen der Selbstinszenierung als Angegriffener hat es ihm immer wieder erlaubt, die Empathie der Zuschauer auf seine Seite zu ziehen: Was würde ich nun an seiner Stelle sagen oder tun? Insofern ist dieser Typus der postfaktischen Autorität einer der Inszenierung eines höchst empathischen Bühnenereignisses. Sachargumente werden vollständig in den Dienst eines Konflikts gestellt, in dem das bessere nicht mehr das »richtigere« Argument ist, sondern das den eigenen Interessen dienlichere. Ein sich der wissenschaftlichen Autorität unterwerfender Diskurs wird durch ein emotionalisierendes Konfabulieren ersetzt; die einig verbleibende disziplinierende Norm, die diesem Konfabulieren Struktur verleiht, ist das Eigeninteresse. Die Schreckstarre des wissenschaftlichen Experten ist dabei nicht zufällig, sondern notwendig, versteht er sich doch allein als Experte des Wie, nicht des Warum. Er kann einer Indienststellung des Sacharguments nichts entgegenhalten, ohne seiner eigenen Selbstwahrnehmung zu widersprechen.

Aber auch andere Typen sind möglich geworden. Nehmen wir einmal *Mr. Nice*. Jenseits der Ideologien haben auch die netten und sympathischen Kerle eine Chance. Und siehe da, sie scheinen eine Gesellschaft stärker zu einen als die Technokraten vergangener Regime, wie man am Falle des kanadischen Premierministers sieht. Dass er über ein Zuviel an Sachkompetenz verfüge, wird Justin Trudeau selten unterstellt. Er ist eher der nette Luke Skywalker, der noch zum Jedi ausgebildet werden muss, aber einen vortrefflichen Schwiegersohn abgibt.

Als weiblich codiertes Autoritätsmodell kommt natürlich die *Mother Hen* infrage. Angela Merkel schien sich für lange Zeit gar nicht mehr mit Begründungen für Politik aufhalten und sich damit als eine solche Glucke der Republik erfinden zu wollen: Vertraut mir einfach. Und auch in der über ihre Wahrnehmung in den Geschichtsbüchern vielleicht entscheidenden Rolle in der Flüchtlingspolitik tut sie sich mit Erklärungen schwer. Warum auch Erklärungen über ein elliptisches »Wir schaffen das« hinaus?

Die britische Premierministerin Theresa May – auch wenn ihre Persona nicht so weiblich codiert ist wie die Merkels – scheint die Ellipse weiter zur Tautologie verdünnen zu wollen, indem sie die Implikationen des Referendums wie folgt erklärt: »Brexit ist Brexit.« Eine Politik der narrativen Leerstelle basiert aber auf der Bereitschaft der Bevölkerung, diese wohlwollend mit Bedeutung zu füllen und daher die Autorität der Glucke anzuerkennen; es ist ein Narrativ der vorausgesetzten Anerkennung, keines der Legitimierung dieser Autorität.

Ein anderes Vor- und Leitbild tritt uns in dem CEO entgegen, der vom Archetyp des *self-made man* beerbt wurde. Er hat die Autorität desjenigen, der weiß, wovon er spricht. Dabei »weiß« er nicht etwas, sondern hat Erfahrungen gemacht, die andere gerne wiederholen würden. Er ist der Guru des Narrativs der Moderne und tritt nun immer häufiger an der Spitze des »Unternehmens Staat« auf. Trump hat mit diesem Narrativ kokettiert, es dann aber vor allem in seinem Minister-Kabinett der Milliardäre umgesetzt.

Lustiger und frischer tritt der *Hipster-King* auf. Seine Autorität verdankt sich nicht einer Erfahrung, einem Wissen oder einer affektiven Wärme, sondern seinem gelebten Pragmatismus: »So geht's net, mache mer es doch ma anders.« Es ist eine Politik aus dem hohlen Bauch heraus oder, sagen wir einmal, nach »Gusto«, weil sie durchaus auch bekömmlich sein kann. Vor allem ist es eine Politik gegen die Politik, für die Rücknahme der Macht der Institutionen gegenüber spontanen regionalen und lokalen Koalitionen und Lebensformen. Auch dieser Typus hat es bereits in die Politik geschafft, wie etwa die Fünf-Sterne-Bewegung von Beppe Grillo in Italien zeigt oder die (kurzfristigen) Erfolge der Piraten-Partei vielerorts.

Finsterer sind die Autoritäten alter Ordnung, die *Machtmenschen* und Einschüchterer à la Putin und Duterte, wie man sie nicht nur in den Staaten des früheren Warschauer Pakts findet. Ihre Narration ist die des Rückgriffs auf alte Modelle und alte Zeiten. Ehre, Ruhm und Stabilität versprechen sie ihren Anhängern. Diese können sich im Geiste bereits zu Richtern der verlotterten Gegenwart erheben. Dabei basiert seine Anerkennung nicht nur auf Repression und Einschüchterung. Vielmehr wird auf der Bühne das archaische Schauspiel männlicher Dominanz ganz alter Zeiten inszeniert, einschließlich der freiwilligen Unterwerfung unter die Herrschaft des Alpha-Männchens. Heiter ist daran nur der Kalender, der Fotos von Putin in allen möglichen Siegesrollen mit erlegtem Wild präsentiert. Doch auch dieser Typus muss sich in der Konkurrenz mit den anderen einem Test unterstellen, den er nicht immer bestehen wird. Es könnte auch passieren, dass man über die Fotos lacht.

In all diesen Typen kommt die Infragestellung von bisher als legitim anerkannter Autorität zum Ausdruck. Die Technokraten, Wissenschaftler und enthusiastischen Vertreter einer wissenschaftlichen Wahrheit werden auf ihre Areale verwiesen. Wir leben in einem Zeitalter der narrativen Vielfalt und Diffusität – und eben dies wird von der Vielzahl der Autoritätstypen zum Ausdruck gebracht. Insofern ist die Pluralität Anzeichen einer wirklichen und essenziellen Leere bezüglich der Frage nach dem Warum. Was aus den Versuchen folgt, diese Leere zu füllen, ist derzeit schlicht offen.

Cord Riechelmann
Können Tiere lügen?
Eine Reise durch die Natur

Wenn man die aktuelle Suche nach Lügen in Politik und Medien in die nicht menschlichen Sozial- und Kommunikationssysteme versucht auszudehnen, fällt erst einmal auf, dass nur der Wissenschaftsjournalismus von der Lüge unter Tieren spricht. Verhaltens-, Psycho- und Evolutionsbiologen vermeiden das Wort Lüge in der Regel selbst dann, wenn sie sich in ihren Texten an ein allgemeines Publikum wenden. Sie sprechen lieber von Manipulation, Täuschung oder der Sendung falscher Informationen als von der Lüge.

»Signaling False Information« heißt eine Kapitelüberschrift in Dorothy L. Cheneys und Robert M. Seyfarths Buch *How Monkeys See The World*, das im amerikanischen Original 1990 erschienen ist.[1] Die amerikanischen Primatologen beginnen in ihrem mittlerweile zum Klassiker gewordenen Werk mit einem Beispiel aus der Welt der Insekten, das ihre Kapitelüberschrift eindeutig illustriert. Es gibt männliche Skorpionsfliegen, die es schaffen, das Verhalten von weiblichen Fliegen so täuschend echt zu imitieren, dass andere Männchen ihnen das normalerweise die Paarung einleitende Futterbrautgeschenk übergeben, das sie dann selbst als Brautgeschenk benutzen oder einfach auffressen. Das ist natürlich ein Akt, der auf der Vortäuschung falscher Tatsachen beruht: Die männliche Fliege ist kein Weibchen. Um aber als Lüge im menschlichen Sinn bezeichnet werden zu können, fehlt den Skorpionsfliegen ein entscheidendes Moment: die Sprache. An die Nachahmung des weiblichen Verhaltens durch eine männliche Fliege knüpft sich keine Erzählung, der Akt wird nicht in einer weitergesponnenen Narration über sich selbst hinaus verlängert oder verdoppelt. Der Täuschungsakt bleibt, auch wenn er wiederholt werden kann, in gewisser Weise einmalig. Er findet statt und endet mit dem Klau des Brautwerbegeschenks.

Und damit hat man einen der Gründe benannt, warum Verhaltenswissenschaftler es vermeiden, unter Tierverhältnissen von Lüge zu sprechen. Es fehlt in Tierkommunikationen die menschliche Sprache und damit ein ganzes Ensemble an Möglichkeiten, die die Lüge noch einmal unabhängig von körperlichen Bewegungen und Gesten inszenieren beziehungsweise verkleiden können. Die Sprache, und damit auch die Schrift, schafft es, der Lüge ein eigenes vom Körper unabhängiges Verhaltensterrain zu erschaffen, das Tieren nicht zur Verfügung steht. Das heißt aber nicht, dass tierische Manipulationen und Täuschungen nicht genau die Funktionen erfüllen können, die menschliche Lügen auch erfüllen sollen.

Nur bleibt die Erforschung von Täuschungen und Manipulationen in tierischen Sozialsystemen, vor allem unter Primaten wie Schimpansen, Gorillas und Pavianen, immer noch an Anekdoten und Einzelfälle gebunden, aus denen sich nur schwer eine politische Systematik der Lüge ableiten lässt, wie sie Theoretiker der Politik wie Niccolò Machiavelli und Leo Strauss als Kunst der Macht und Ausweg der Unterdrückten formuliert haben. Thesenhaft kann man aber feststellen, dass die Tricks und Taktiken, die in tierischen Rang- und Machtkämpfen zum Einsatz kommen, in der Evolution ein Feld von Verhaltensmanipulationen eröffnen, die man als Präadaptationen der überbordenden menschlichen Manipulationstechniken ansehen kann. Zum Regelfall politischer Auseinandersetzungen, wie in menschlichen Gesellschaften nicht erst in der Nachfolge Machiavellis üblich, sind Täuschungen und Manipulationen aber nie geworden. Wenn man für die Politiken der menschlichen Gesellschaften, sagen wir für die Zeitspanne der letzten 500 Jahre, in den sogenannten entwickelten Ländern feststellen kann, dass es in dieser Zeit nie eine Epoche der Wahrheit in der Politik gab, gilt dies für tierische Gesellschaften nicht. In tierischen Gesellschaften überwiegt in der Summe der Kommunikationen die verlässliche Nachricht, der richtige Warnruf aus aktuell akutem Anlass, die täuschenden Meldungen immer.

Was aber nicht heißt, dass es nicht auch unter Tieren Situationen gibt, in denen die Täuschung der einzige Weg zum Ziel ist.

Wenn es zum Beispiel für ein körperlich schwächeres Tier darum geht, Zugang zu Ressourcen zu bekommen, die es mit seinen »normalen« Mitteln nie erreichen würde, kann die Täuschung die einzige Form sein, die ihm die Nahrung sichert. Jane Goodall erzählt in ihrem großartigen Resümee ihrer jahrzehntelangen Forschungsarbeiten unter Schimpansen in Tansania, *The Chimpanzees of Gombe*, den Fall des heranwachsenden, noch jugendlichen Figan.[2] Figan hatte als Erster einen Haufen Bananen entdeckt, zu dem er angesichts seiner minderen Stellung in der Hierarchie seiner Gruppe bestimmt keinen bevorzugten Zugang gehabt hätte. Um sich aber genau den zu verschaffen, bediente er sich eines Tricks, indem er die anderen Schimpansen seiner Gruppe mit den Bewegungen und Lauten, die normalerweise eine reiche Nahrungsquelle anzeigen, in eine von den Bananen wegführende Richtung lockte. Nachdem die anderen geschlossen Figan auf der falschen Fährte gefolgt waren, raste er schnell zurück und begann allein an »seinen« Bananen ungestört zu fressen.

Figan steht damit mittlerweile in einer Reihe zahlreicher Anekdoten, vor allem von Schimpansen und Gorillas, in denen sich immer wieder ein ähnliches Muster erkennen lässt. Ein junger Schimpanse entdeckt etwa einen reich mit Früchten behängten Baum, läuft drei oder vier Bäume weiter und macht die anderen von dort mit den spezifischen Rufen auf seinen Fund aufmerksam, um im nächsten Moment zum Früchtebaum zurückzurennen und zumindest ein paar Minuten allein zu fressen, ohne von stärkeren und ranghöheren Tieren verdrängt zu werden.

Wobei es nicht nur Primaten wie Gorillas und Schimpansen sind, die sich der Taktik des »Auf-die-falsche-Fährte-Locken« bedienen. Es ist von brütenden oder fütternden Vögeln schon lange bekannt, dass sie versuchen, Fressfeinde wie Füchse von ihrem Nest wegzulocken, indem sie mit einem vorgetäuscht verletzten Flügel über den Boden laufen. Täuschungsverhalten wird also nicht nur aus egoistischen Antrieben motiviert, es kann auch schlicht dem Schutz von Artgenossen wie der eigenen Brut dienen. Oder wie im Fall des Schimpansen Yeroen, von dem Frans de Waal erzählt, einen selbst vor Prügel schützen. Yeroen gehörte zu einer Gruppe von Schimpansen im Zoo von Arnheim, die Frans de Waal vor allem in den 1970er-Jahren ausdauernd beobachtete.[3] Dieser Yeroen ist als unterlegener Affe im Kampf um die Alphaposition in der Zoogruppe ebenso in das Anekdotenrepertoire der Primatologie eingegangen wie Figan. Yeroen war, nachdem er die Alphaposition an einen anderen Schimpansen verloren hatte, schwer angeschlagen von seinem Kontrahenten weggehumpelt. Sobald er sich aus dem Blickfeld des neuen Chefs bewegt hatte, verfiel er aber sofort in seinen völlig normalen Gang.

Mit Yeroen kommt ein Aspekt der Täuschungsmanöver ins Spiel, der dazu führt, dass bestimmte Affen ihr Verhalten nach dem Blickfeld eines anderen ausrichten. Offensichtlich kalkulieren manche Individuen die Blickrichtung von ranghöheren oder körperlich überlegenen Tieren in ihr Verhalten ein. Das war auch in einer der Uranekdoten der wissenschaftlichen Erzählung von tierischen Täuschungen der Fall. Der Schweizer Primatologe Hans Kummer beobachtete 1980 in Saudi-Arabien eine Familie von Hamadryas-Pavianen. Hamadryas-Paviane leben in sogenannten Haremsgruppen, das heißt, die kleinste Einheit ihres Sozialsystems sind Familien, die in der Regel aus einem größeren Mann und drei bis fünf kleineren Frauen bestehen, die der Mann eng an sich bindet und streng bewacht. Manchmal können sich solchen Familien jüngere Männer anschließen, Mitläufer genannt, die vom Familienmann aber genauso streng wie die Weibchen bewacht und an jeder Annäherung an »seine« Frauen gehindert werden. Kummers Beobachtungsposten lag eine Felsterrasse höher als die der Hamadryas-Familie. Da fiel ihm auf, dass eines der Weibchen in ganz kleinen Schüben von ihrem Mann weg auf einen etwa 50 Zentimeter hohen Steinblock zurutschte, hinter dem ein Mitläufer saß. Das Weibchen brauchte 20 Minuten für die zwei Meter. Zuletzt saß sie so, dass ihr Mann ihren Rücken und Schwanz sehen konnte, nicht aber ihre Arme und ihr Gesicht. Weil Kummer höher saß als der Haremschef konnte er im Unterschied zu ihm sehen, was sie tat: Ihre Arme pflegten den Mitläufer, was absolut verboten ist in der Hamadryas-Familie und normalerweise mit Bissen und Schlägen des Chefs gegen seine Frau bestraft wird. Dabei hatte sich der Mitläufer ganz hinter den Felsblock geduckt und musste für den Mann unsichtbar sein. »Ein vortreffliches Engagement, scheint es. So sah der Ehemann, dass seine Frau da war, aber nicht, dass sie Verbotenes tat«, schreibt Kummer und fährt fort: »Es sah aus, als ob das Weibchen die ›Ich bin da, aber ich mache nichts‹-Position bewußt gesucht hatte.«[4]

Kummer lässt aber keinen Zweifel darüber aufkommen, dass es sich in diesem Fall um einen absoluten Einzelfall handelt, eine Anekdote. Interessant sei eine Anekdote dann, fügt er hinzu, »wenn mehrere je für sich seltene Verhaltensweisen und Umstände zusammen ein adaptives oder zweckmäßiges Ganzes ergeben. Anekdoten erlauben keine Schlüsse, sie geben nur Denkanstöße für neue Experimente.«[5] Damit spricht Kummer eines der generellen Probleme der Mitteilungen über Täuschungen und Manipulationen nicht nur unter Primaten an, für Vögel, besonders für die in den letzten Jahren nicht abreißenden Meldungen über die Täuschungs- und Manipulationskünste von Rabenvögeln, gilt das Gleiche. Die Tricks und Einfälle im Bereich der Täuschung lassen sich praktisch nur anekdotisch dokumentieren, ihre experimentelle Überprüfung ist – fast möchte man sagen zwangsläufig – unmöglich. Und das hängt nicht nur damit zusammen, dass es immer Individuen sind, die plötzlich oder spontan auf die »Idee« kommen, es einmal anders zu versuchen als im Rahmen der vorhersagbaren Berechenbarkeit. Es liegt auch daran, dass es praktisch keine Möglichkeit gibt, vorherzusagen, wer wann und wo auf eben einen bisher unbekannten und unüblichen Einfall kommt. Kummer spricht aber noch ein anderes Problem an, das in seiner Anekdote ungeklärt bleiben muss. Wenn es sich um ein gezieltes Manöver handeln sollte, müssten Affen sich genau vorstellen können, wie ein räumliches Arrangement aus der Perspektive eines anderen aussieht, und das könnten selbst Menschenkinder erst im Alter von vier Jahren. Ein solches Können in Bezug auf die Raumvorstellungen eines anderen sei in der Evolution des sozialen Erkenntnisvermögens ein sehr wichtiger Schritt, denn es sei der Beginn der Fähigkeit, sich in den anderen hineinzuversetzen, meint Kummer und fordert Anfang der 1990er-Jahre, als er seine wissenschaftliche Autobiografie *Weiße Affen am Roten Meer* schrieb, Experimente, die dies untersuchen sollten. Experimente beziehungsweise Beobachtungen zum Einkalkulieren der räumlichen Sicht des anderen liegen in einem spektakulären Fall seit dem Jahr 2012 vor. Allerdings handeln sie nicht von Primaten, sondern von Laubenvögeln, ich werde zum Ende dieses Textes darauf zurückkommen.

Zunächst soll es mit der Anekdote weitergehen. Denn wenn die Anekdote eine wahre Geschichte ist, was ihre ursprüngliche Bedeutung ist, dann gibt es keinen Grund, sie aus der Wissenschaft zu verdammen, zumal die Biologie schon immer, seit sie mit Charles Darwins Evolutionstheorie ihren eigenen Theorierahmen gefunden hat, nicht nur eine experimentelle, sondern auch eine Geschichtswissenschaft ist. Zudem fallen Anekdoten ja nicht vom Himmel, in der Regel sind sie in lang andauernde Beobachtungen und Forschungen eingebunden beziehungsweise fallen ihre Bedeutungen nur Forschern auf, die einen ausgedehnten Blick auf die Gewohnheiten in sozialen Strukturen haben, was man sehr gut an den zwei Bänden *Machiavellian Intelligence* der britischen Primatologen Richard Byrne und Andrew Whiten nachvollziehen kann.[6] Im Grunde sind beide Bände Auseinandersetzungen um die Frage, inwieweit Anekdoten und die aus ihnen ableitbaren Schlüsse wissenschaftlich haltbare Schlüsse zulassen. Dabei geht es nicht nur um Fragen, ob man Affen oder auch anderen Tieren wie Vögeln Selbstbewusstsein zusprechen kann oder auch nicht. Es geht auf der Basis auch der hier bereits geschilderten Handlungen von bestimmten Individuen um das Problem von Taktik und Manipulation in individualisierten und hierarchisierten Gruppen überhaupt. Und vieles spricht für Byrnes und Whitens Grundannahme, dass in hochkomplexen sozialen Verbänden, die die meisten Affengesellschaften darstellen, immer auch irgendeine Form von Manipulation am Werk ist, wenn man unter Manipulation versteht, ein bestimmtes Tier zu etwas zu bewegen, das es gerade nicht will beziehungsweise nie tun würde, wenn es nicht in irgendeiner Weise dazu gezwungen werden würde. Byrne und Whiten haben dafür aber nicht nur alle verfügbaren Anekdoten aus den Forschungen anderer zusammengetragen, sie haben auch selbst Beobachtungen gemacht, die ihren Titel und den Gebrauch des Terminus »machiavellistische Intelligenz« mehr als nur illustrieren.

Ihrem machiavellistischem Helden hatten sie den Namen Paul gegeben, und der war ein jugendlicher Pavian in den südafrikanischen Drakensbergen. Zuerst hatte Richard Byrne beobachtet, wie Paul sich begehrte Pflanzenknollen etwas fies angeeignet hatte. Er hatte einem Pavianweibchen zugeschaut, wie es die Knollen in der Erde freilegte und gerade fressen wollte. Nachdem er sich versichert hatte, dass ihn niemand beobachtete, begann er zu schreien, wie es junge Paviane tun, wenn sie in Gefahr sind. Pauls Mutter reagierte sofort und konnte als Gefahrenquelle nur das Weibchen ausmachen, das gerade die Knollen aus der Erde gegraben hatte. Die Mutter tat darauf, was Pavianmütter in solchen Fällen tun, sie griff das andere Weibchen an und verfolgte es. Währenddessen hatte sich Paul zu den Knollen begeben und sie in Ruhe aufgegefressen. Was wie ein Einzelfall aussah, entpuppte sich als eine regelrechte Strategie des jungen Paul. Auch Andrew Whiten hatte ihn mehrmals beobachtet, wie er genau mit derselben Taktik anderen Affen das Futter abnahm. Paul musste also zum einen gewusst haben, wie seine Mutter auf seinen Schrei reagieren würde, und zum anderen musste er sich so positioniert haben, dass nur der jeweils mit der Nahrung beschäftigte Affe als Ziel der Aggression der Mutter infrage kam. Und auch wenn diese Form des zielgerichteten Missbrauchs eines Hilferufs einmalig in der von Forschern bezeugten Täuschungs- und Manipulationspraxis ist, steht Pauls Taktik doch für den Missbrauch eines Zeichens, der im Einzelfall immer möglich ist. Als kulturelle Verbreitung, die sich unter jungen Affen als allgemeine Strategie ausbreitet, taugt er aber nicht. Denn wie aus vielen anderen Fällen bezeugt worden ist, hätte schon die Tatsache, dass irgendein anderer Affe gesehen hätte, dass Paul real keine Gefahr drohte, dazu geführt, dass dieser Affe in das Geschehen eingegriffen und sozusagen der Wahrheit ihr Recht gegeben hätte. Der falsche Gebrauch zum Beispiel von Warnrufen wird in allen individualisierten tierischen Sozialverbänden immer nur sehr kurz geduldet und führt bei ausdauernder Anwendung auch zu körperlich schmerzhafter Zurechtweisung des Falschrufers. Tierische Täuschungen können in vielen Fällen also in ihrer strategischen Ausrichtung und in ihren Funktionen mit Erscheinungen in menschlichen Gesellschaften verglichen werden. Zu einer grundlegenden Strategie, wie sie Friedrich Nietzsche in seiner 1873 geschriebenen, aber erst im Nachlass veröffentlichten Schrift *Über Wahrheit und Lüge im außermoralischen Sinne* beschrieben hat, sind sie aber nie geworden.

»Der Intellekt als ein Mittel zur Erhaltung des Individuums entfaltet seine Hauptkräfte in der Entstellung, denn diese ist das Mittel, durch das die schwächeren, weniger robusten Individuen sich erhalten, als welchen einen Kampf um die Existenz mit Hörnern oder scharfem Raubtiergebiss zu führen versagt ist«, schreibt Nietzsche darin und folgerte: »Im Menschen kommt diese Vorstellungskunst auf ihren Gipfel. Hier ist die Täuschung, das Schmeicheln, Lügen und Trügen, das Hinter-dem-Rücken-Reden, das Repräsentieren, das maskierte Sein, die verhüllende Konvention, das Bühnenspiel vor anderen und vor sich selbst, kurz: das fortwährende Herumflattern um die eine Flamme Eitelkeit so sehr die Regel und das Gesetz, dass fast nichts unbegreiflicher ist, als wie unter den Menschen ein ehrlicher und reiner Trieb zur Wahrheit aufkommen konnte.«[7]

Was an der kurzen Passage Nietzsches vor allem frappiert, ist, dass er die allen hier erwähnten Forschungen an Primaten, Fliegen und Vögeln zugrunde liegende evolutionäre Perspektive, nach der die menschlichen Täuschungs- und Lügenformen Vorläufer im Tierreich haben, als gegeben voraussetzt. Dass unsere Verstellungen bereits in früheren Stadien der Evolution aufscheinen, ist Nietzsche keine Frage mehr, trotzdem lehnt er den Vergleich in einer bestimmten Form ab: Eine solche tägliche Durchdringung des Lebens mit Lügen und Täuschungen haben die Tiere nicht erreicht. Nietzsche sieht auch sehr genau, dass es oft die Schwächeren sind, die sich der Täuschungen bedienen müssen. Seine Sätze enthalten aber jenseits der martialischen oder machiavellistischen Anspielungen auf das Verhalten der Tiere auch einen Hinweis auf die Illusionen im Bühnenspiel, die in letzter Zeit eine Entsprechung im Tierreich gefunden haben, die den Übergang von tierischen Täuschungen zu menschlichen Verstellungen in einen Bereich verschieben, der wesentlich angenehmer anzusehen ist als das ewige Gehacke um Rangpositionen oder Bananen, nämlich in den der Kunst.

Im Jahr 2012 haben die australischen Biologen Laura Kelly und John Endler unter dem Titel »Illusions Promote Mating Success in Great Bowerbirds« im Fachmagazin *Science* eine Studie veröffentlicht, in der das von Nietzsche angesprochene Bühnenspiel wie die verhüllende Konvention zusammenkommen.[8] Es geht in der Arbeit von Kelly und Endler um die Balzrituale männlicher Graulaubenvögel (Chlamydera nuchalis), wie die Great Bowerbirds auf Deutsch heißen, und ihre Wirkungen auf die weiblichen Vögel. Wobei das über die Biologie der Vögel hinausweisende Ergebnis ihrer Studie ist, dass die Männchen die Weibchen während der Balz in eine bestimmte Sichtposition drängen, in der Effekte optischer Täuschungen über die Größenverhältnisse bestimmter Gegenstände besonders wirksam sein könnten. Die Möglichkeitsform muss in diesem Fall bestehen bleiben, weil es keine Gewissheit darüber geben kann, ob die Weibchen tatsächlich nach den für die menschlichen Beobachter offensichtlichen optischen Täuschungen entscheiden beziehungsweise ob die Vögel sie überhaupt so wahrnehmen, wie Menschen es tun. Man kann die Weibchen schließlich immer noch nicht nach ihren Beweggründen zur Wahl fragen. Was man allerdings machen kann, ist, die Vögel sehr genau bei ihrem Tun zu beobachten. Und Laubenvögel zu beobachten ist selten langweilig, weil die Tiere die meiste Zeit des Jahres mit ihren Balzvorbereitungen beschäftigt sind, in die sie alle möglichen Gegenstände – von der Zahnbürste bis zu Meeresschneckengehäusen – genauso einbeziehen, wie sie Geräusche jeder Art – von einer sich drehenden Betonmischmaschine bis zum Geplapper von Bauarbeitern auf Baustellen – in ihre Gesänge einbauen.

Die 20 Arten der Familie der Laubenvögel – wissenschaftlich: Ptilonorhynchidae – kommen nur in Australien und Neuguinea vor. Es handelt sich bei ihnen um mittelgroße – 22 bis 37 Zentimeter lange –, kompakt robust gebaute Vögel mit einem dicken und kräftigen Schnabel, den sie auch brauchen. Ihren Namen haben die Vögel bekommen, weil die Männchen für ihren Balztanz sogenannte Lauben bauen. Das sind aus zwei in die Erde gesteckten kräftigen Ästen bestehende Wände, die in der Mitte einen Durchgang frei lassen, in dem sich das Weibchen während der Balz aufhält. Manche Vögel überdachen die Laube, andere lassen sie nach oben offen.

Bei manchen Arten wie dem Flammenlaubenvogel, dessen Gefieder in sattem Rot und Gelb leuchtet, sind die Männchen tropisch bunt gefärbt. In solchen Fällen sind die Lauben meist eher von schlichter Baukunst gezeichnet und werden auch nicht sonderlich kunstvoll dekoriert. Anders ist das bei den eintöniger gefärbten Arten wie den Graulaubenvögeln und dem Seidenlaubenvogel. Beide Arten sind Meister des Laubenbaus und der Dekoration. Manche der sehr hübschen, aber einfarbig indigoblauen Seidenlaubenvögel scheinen sich dabei in der Farbvorliebe der Gegenstände, die sie um ihre Lauben legen, zu spiegeln. Bis zu 200 tiefblaue Gegenstände kann ein Männchen sammeln und um seine Laube drapieren. Das können Federn, Früchte und Steine sein. Je näher sie aber menschlichen Siedlungen kommen, desto künstlicher werden ihre zur Schau gestellten Dinge. In einem Fall waren es Zahnbürsten, Wäscheklammern, ein Babyschnuller und die Deckel von blauen kleinen Campinggasflaschen. Der Vogel hatte die Gegenstände so sorgfältig und farbharmonisch vor seine Laube gelegt, dass es für einen menschlichen Betrachter fast unmöglich war, dabei nicht an skulpturale Kompositionen zu denken.

Ähnliches muss man von der Laube eines Graulaubenvogels, die man in der Nähe der australischen Stadt Darwin gefunden hat, sagen. Mehr als 12 000 Schneckenhäuser, Steine und Knochen hatte der Vogel eingesammelt, alle in fein abgestimmten Grauweißtönen, und vor seine Laube gelegt. Die Dekoration wog mehr als zwölf Kilogramm, der sammelnde Hahn gerade einmal 40 Gramm. Bei Graulaubenvögeln kommt noch hinzu, dass sie eine Laube von über einem halben Meter Länge bauen. Der Gang in der Laube, in der englischsprachigen Literatur durchgängig als »avenue« bezeichnet, führt regelmäßig von Norden nach Süden. Die Weibchen betreten während der Balz die Laube von der südlichen Seite her. Von dort aus beobachten sie das vor dem Nordeingang seine Zeremonie aufführende Männchen, das hier auch seine Schnecken, Steine und Knochen angeordnet hat. Vor diesem Ensemble der weißgrauen Gegenstände führt der Hahn dann seinen Tanz auf. Dabei verbeugt er sich, stellt seine Scheitelkammfedern auf, singt und dreht immer wieder zwischendurch eine Runde im schnellen Lauf um die Laube. Wieder vor dem Eingang angekommen, greift er mit dem Schnabel farblich mit der weißgrauen Dekoration kontrastierende Dinge. Das können rote Wäscheklammern, bläuliche Muschelschalen wie grüne Früchte sein. Diese mehr oder weniger leuchtenden Gegenstände schwenken sie mit dem Schnabel vor dem Weibchen auf und ab, werfen sie manchmal in die Höhe oder donnern sie auch aggressiv auf die Steine am Boden. Es ist die Kombination aus Laube, Dekoration und Performance des Männchens, nach der die Weibchen ihre Wahl treffen. Die Wahl der Weibchen fällt dabei äußerst selektiv aus. Viele Männchen schaffen es nie, ein Weibchen von sich zu überzeugen, während wenige andere bevorzugt gewählt werden. Das ist alles seit Längerem bekannt, und die Forschung hat sich über Jahrzehnte immer einigermaßen stur auf die Betrachtung der tanzenden und singenden Männchen konzentriert. Erst seit einigen Jahren beginnt man, auch nach den Kriterien der wählenden Weibchen zu fragen. Also nach den akustischen, optischen oder geruchlichen Effekten, die während der Balz das Weibchen tatsächlich erreichen und ihre Wahl beeinflussen. Laura Kelly und John Endler fügen sich insofern in diese neue Richtung der Forschung, indem sie danach fragen, was das Weibchen, wenn es vom Laubengang aus zusieht, überhaupt sehen kann. Und sie fanden im Aufbau der Dekoration einige Anordnungen, die aus der Blickperspektive des Weibchens optische Täuschungen ermöglichen. So hatten die Männchen die Steine und Schnecken so angeordnet, dass die kleineren davon immer nah am Eingang der Laube lagen und die größeren sich in weiterer Distanz zum Blickstandort des Weibchens befanden. Diese Anordnung könnte im Blickfeld der Weibchen aus der Laube heraus eine optische Täuschung begünstigen, die den vom Männchen im Schnabel geschwungenen Gegenstand größer erscheinen lässt, als er ist. Dadurch könnten Effekte optischer Täuschungen einen Einfluss auf die Partnerwahl haben. Aber wie gesagt: könnten.

Die Trugbilder, die die männlichen Laubenvögel in der Perspektive der Weibchen entstehen lassen, lassen über die Frage nach ihrer tatsächlichen Wirkung hinaus zwei Schlüsse zu. Zum einen stehen sie in einer ganzen Reihe von optischen Täuschungen, die Tiere mit dem plakathaften Signalgebrauch ihrer Körperfarben, von tropischen Fischen in Korallenriffen bis zu Vögeln, Reptilien und Insekten in Regenwäldern, im Spiel mit wechselnden Lichtverhältnissen hervorbringen, die man aber eher als Parallelbewegungen zu den Illusions- und Fiktionsspielen in den menschlichen Künsten ansehen sollte, denn als naturgeschichtliche Grundierung der Manipulationspraxis in aktuellen menschlichen Politiken. Zum anderen deuten sie in ihrer Verspieltheit, die die Vögel dazu bringt, einen großen Teil ihrer Jahreszeit mit dem Zusammentragen ihrer Materialien und dem Bau der Laube zu verbringen, darauf hin, dass sie die Lauben nicht nur für andere bauen, sondern auch, weil es ihnen selbst Spaß oder Lust bereitet. Was generell ein Moment in vielen tierischen Täuschungen, besonders bei Vögeln und Insekten, beschreibt: dass nämlich ihre Täuschungsmanöver eher in den Bereich des Spiels als in den der Machterlangung oder -zementierung zu rechnen sind.

Auf eine Formel gebracht, könnte man zusammenfassend sagen: Ja, es gibt Täuschungen und Manipulationen in vielfältiger Form im Tierreich, von den Insekten bis zu den Primaten. Als naturgeschichtliche Vorläufer der menschlichen Täuschungs- und Lügenpraxis vor allem in

Machtbeziehungen taugen sie aber nur bedingt. Es fehlt Tieren nicht nur die Sprache, die eine weitreichende Trennung ihrer Aussagen von ihren Körperbewegungen möglich machen würde; es fehlen ihnen auch die Massenmedien, die eine direkte Kontrolle einer Aussage und ihres Inhalts möglich machen würden.

Anmerkungen

1 Dorothy L. Cheney, Robert M. Seyfarth: *How Monkeys See The World. Inside the Mind of Another Species.* Chicago 1990, S. 194.

2 Vgl. Jane Goodall: *The Chimpanzees of Gombe. Patterns of Behavior.* Cambridge, Mass. 1986.

3 Vgl. Frans de Waal: *Chimpanzee politics. Power and Sex Among Apes.* New York 1982.

4 Hans Kummer: *Weiße Affen am Roten Meer. Das soziale Leben der Wüstenpaviane.* München 1992, S. 262–263.

5 Ebd., S. 263.

6 Andrew Whiten, Richard Byrne: *Machiavellian Intelligence. Social Expertise and the Evolution of Intellect in Monkeys, Apes and Humans.* Oxford 1988; dies.: *Machiavellian Intelligence II. Extensions and Evaluations.* Cambridge 1997.

7 Friedrich Nietzsche: *Kritische Studienausgabe Bd. I*, hrsg. von Giorgio Colli und Mazzino Montinari. München 1999, S. 876.

8 Laura Kelly, John Endler: »Illusions Promote Mating Success in Great Bowerbirds«, in: *Science* Vol. 335, 22.01.2012, S. 335–338.

WALTER SCHELS
Schönheitswettbewerb
Ehrliche Lügenfotografie

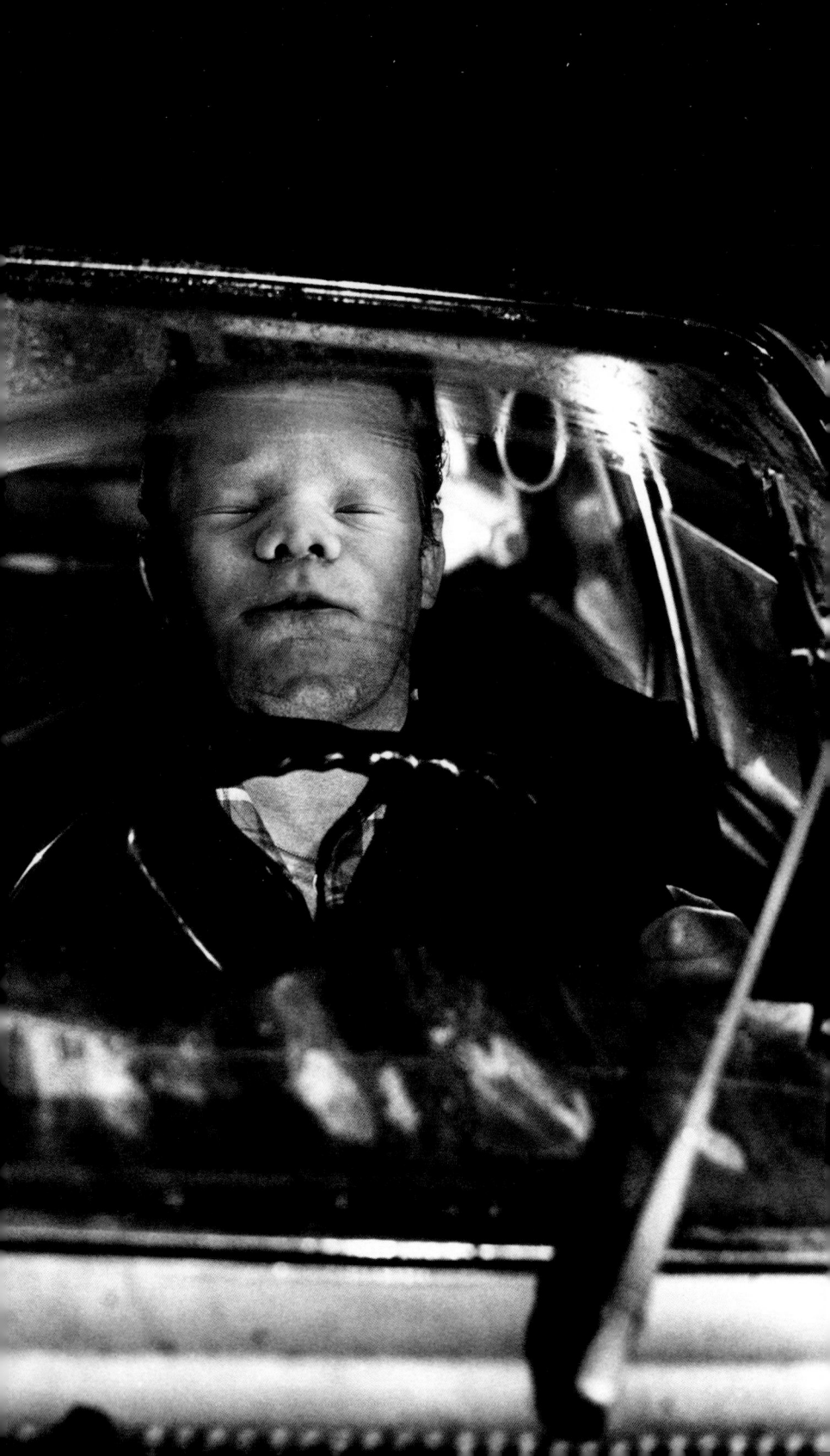

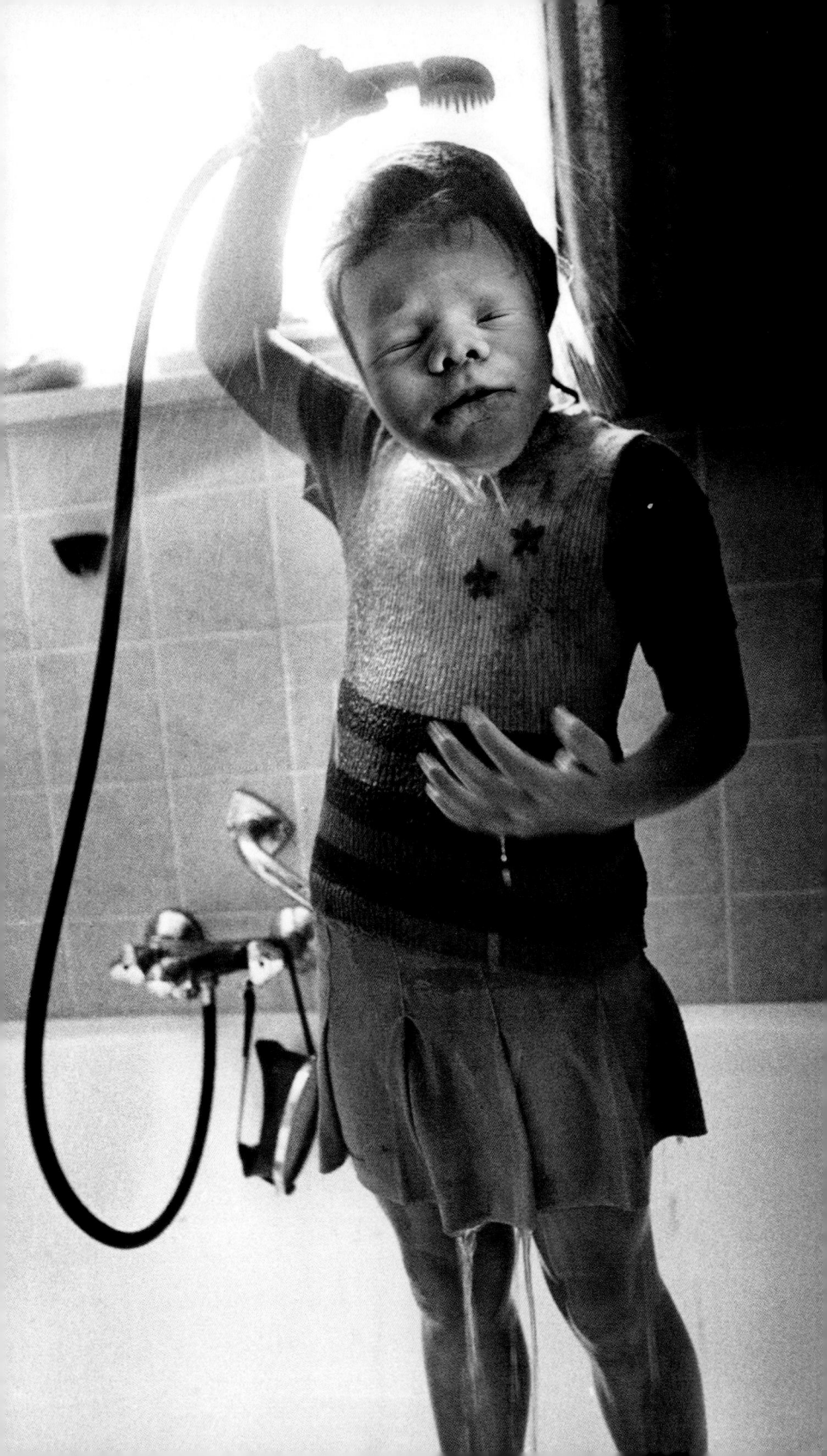

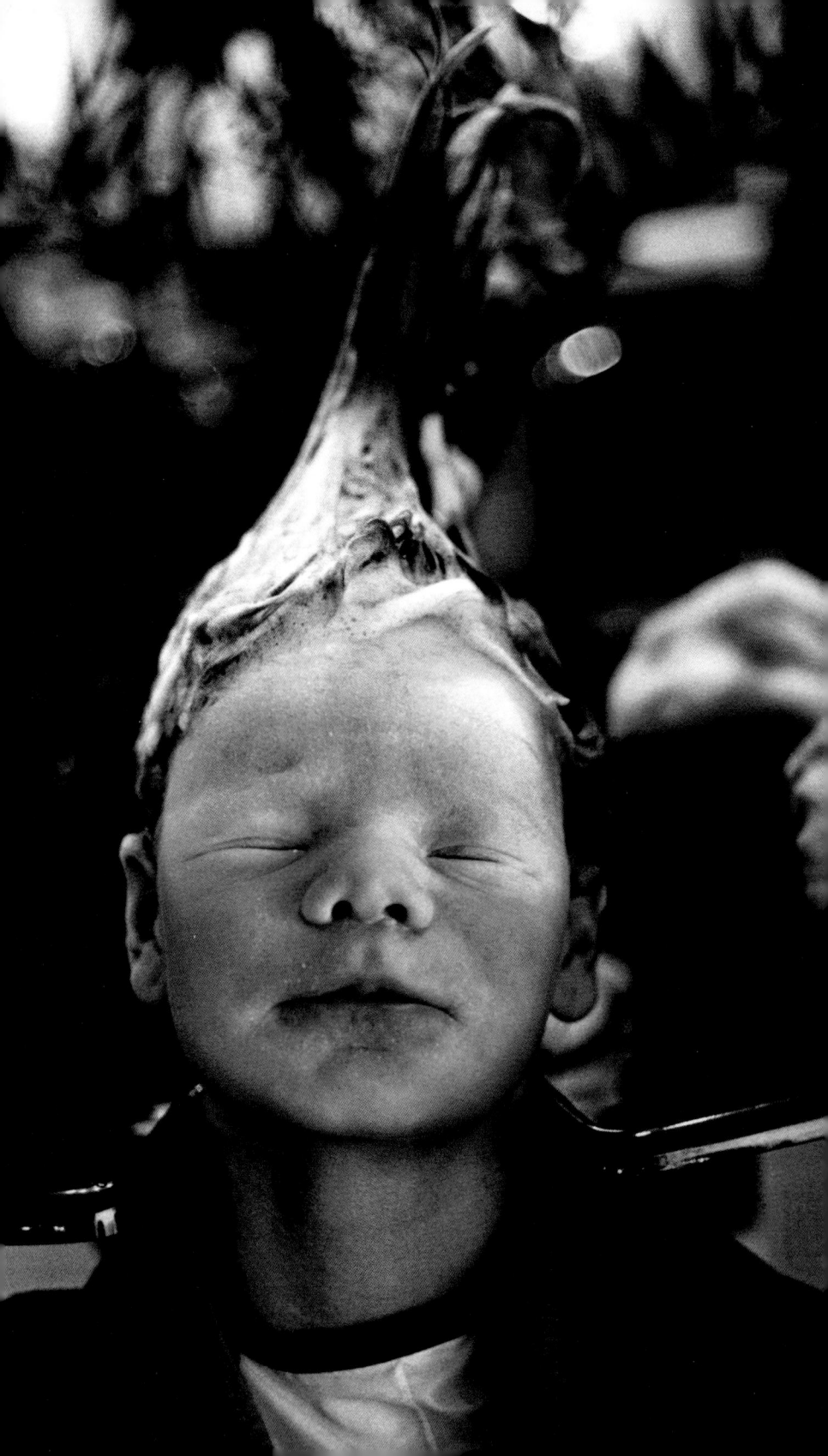

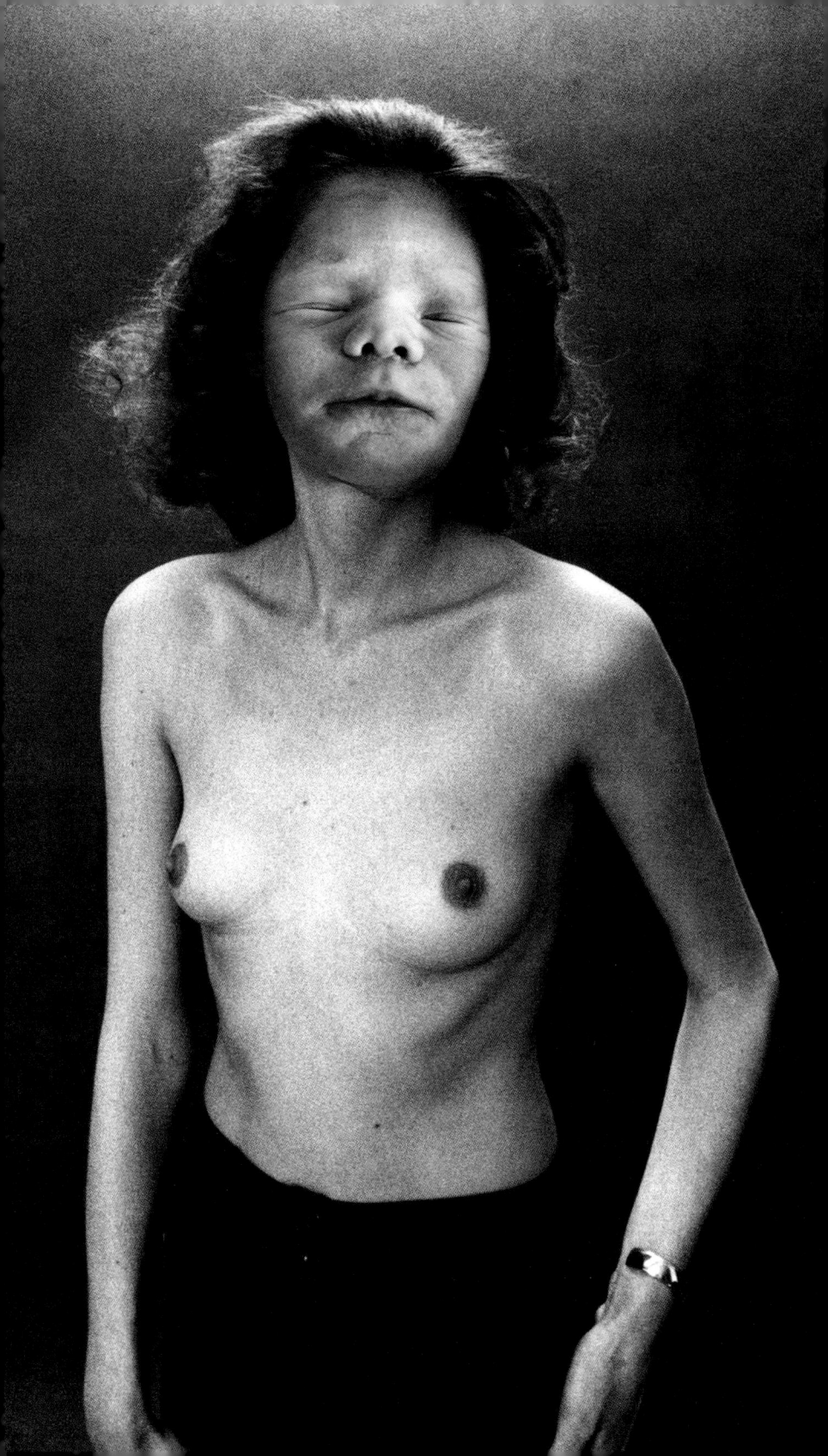

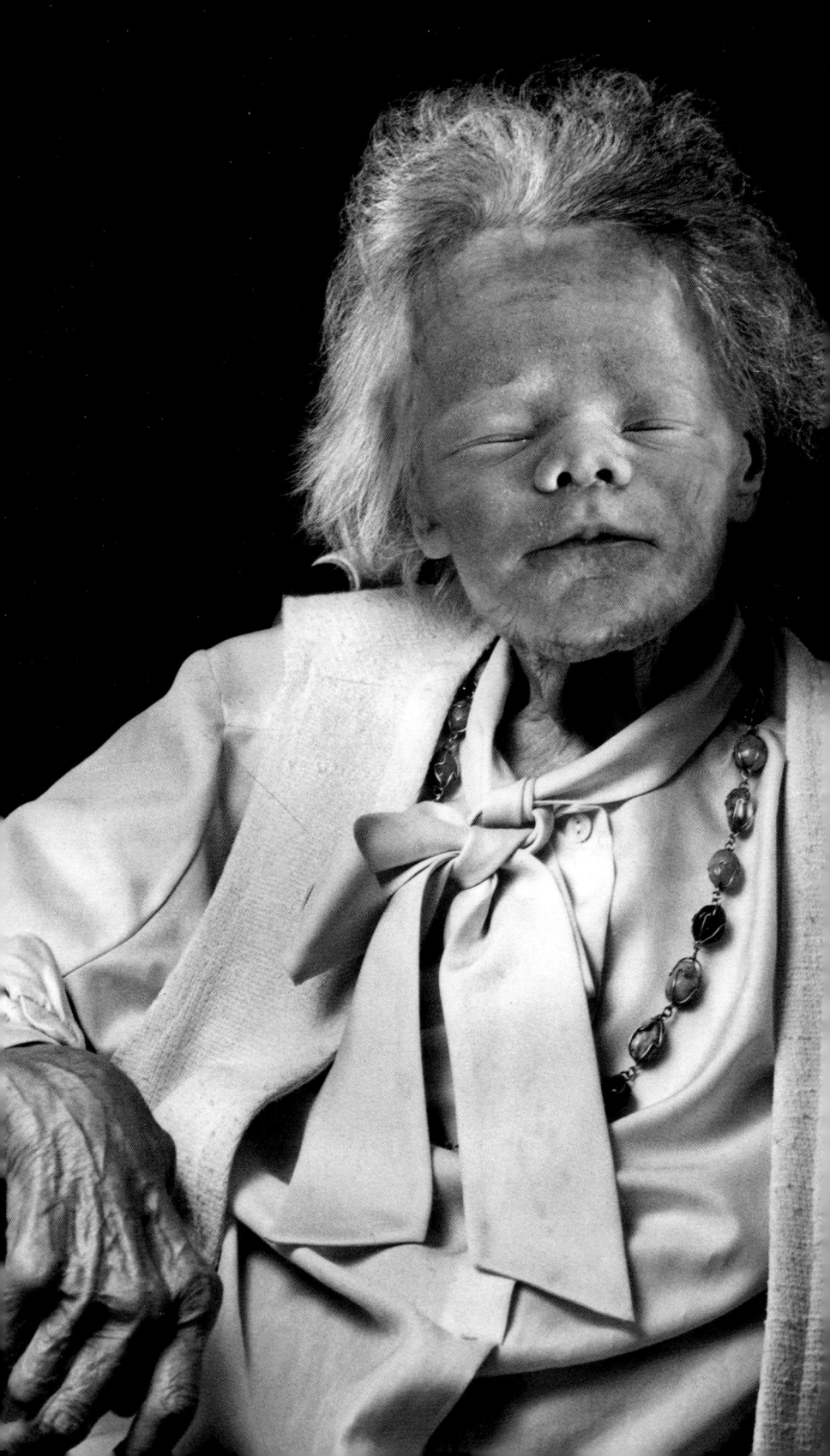

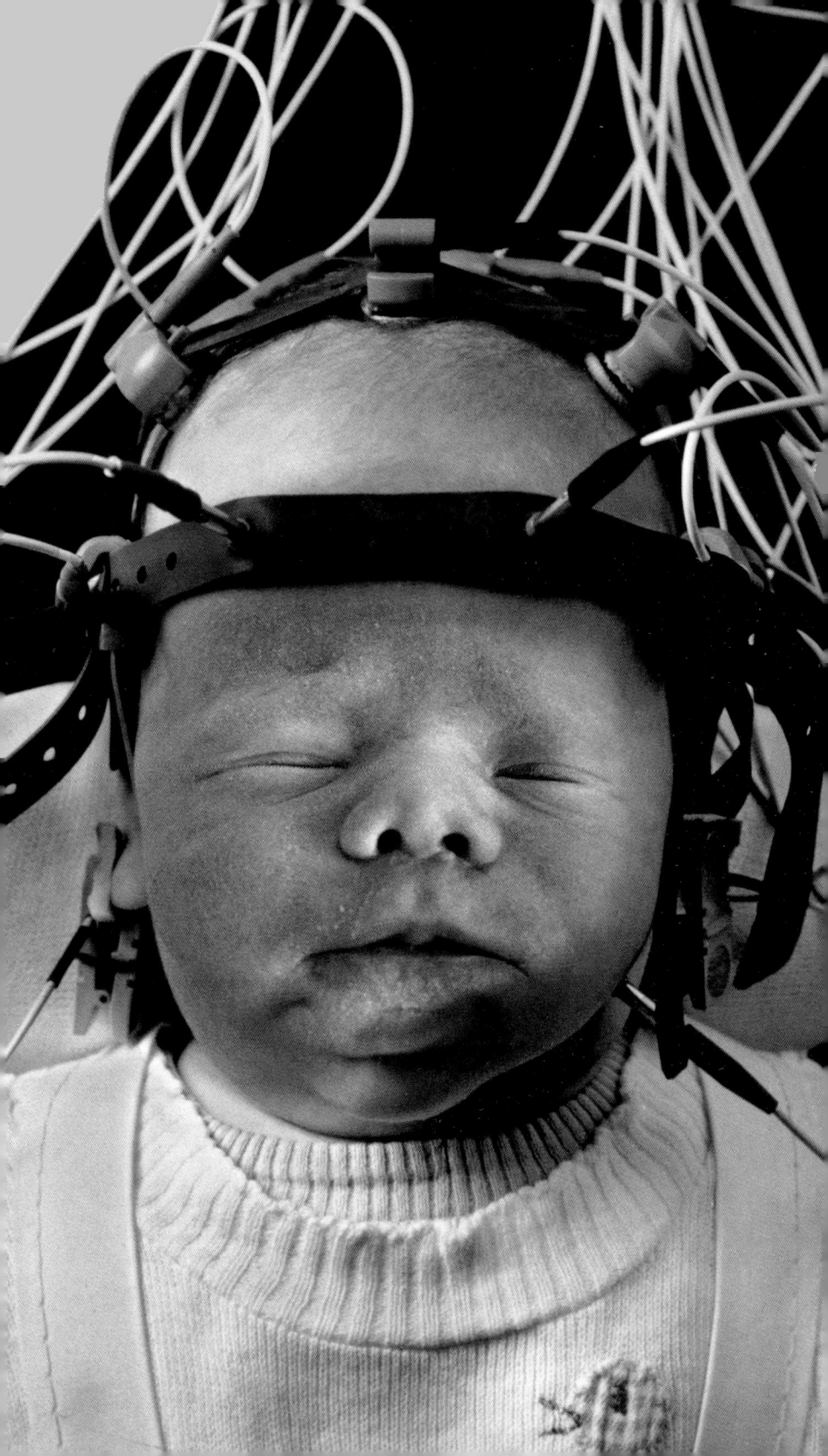

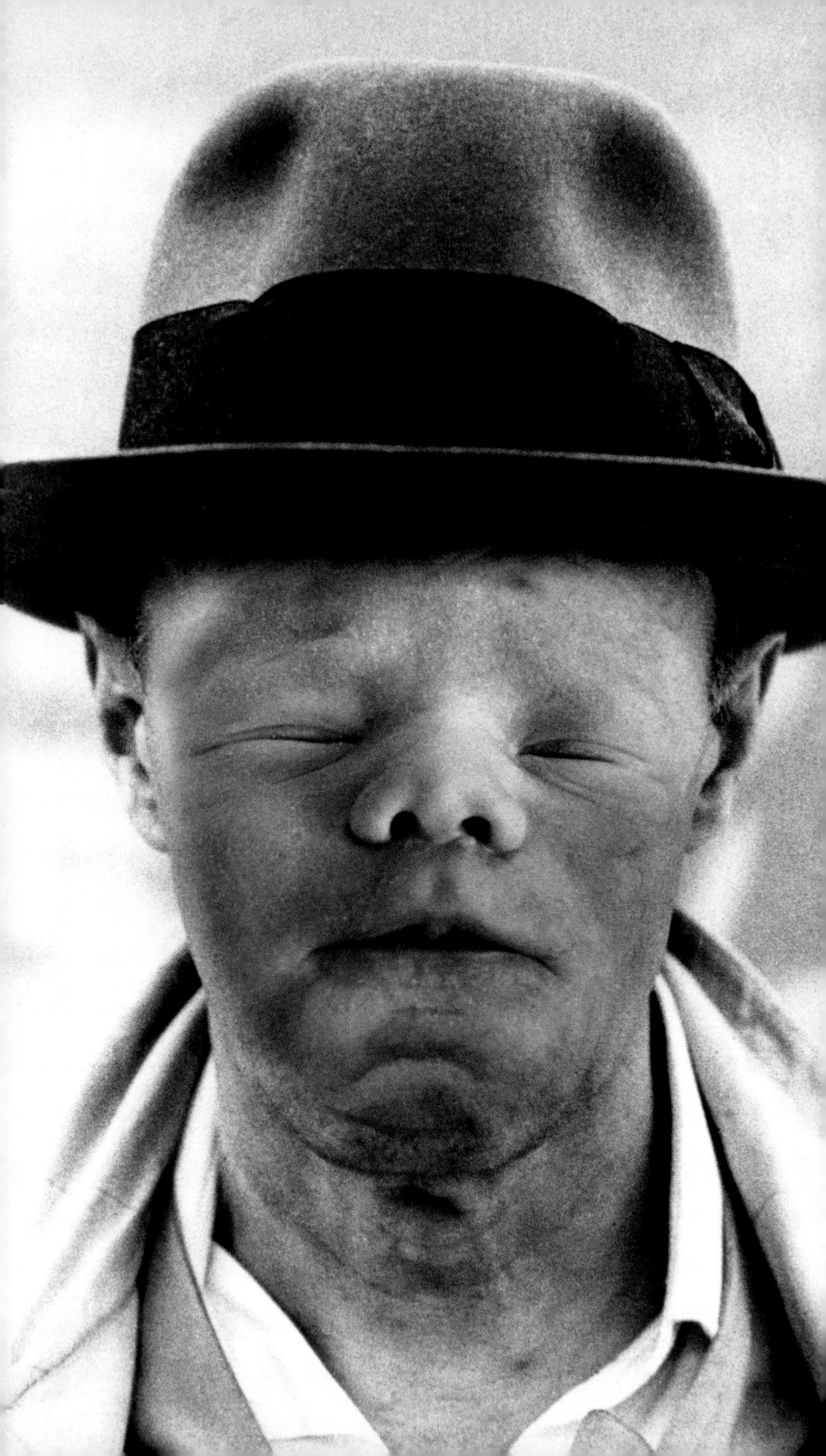

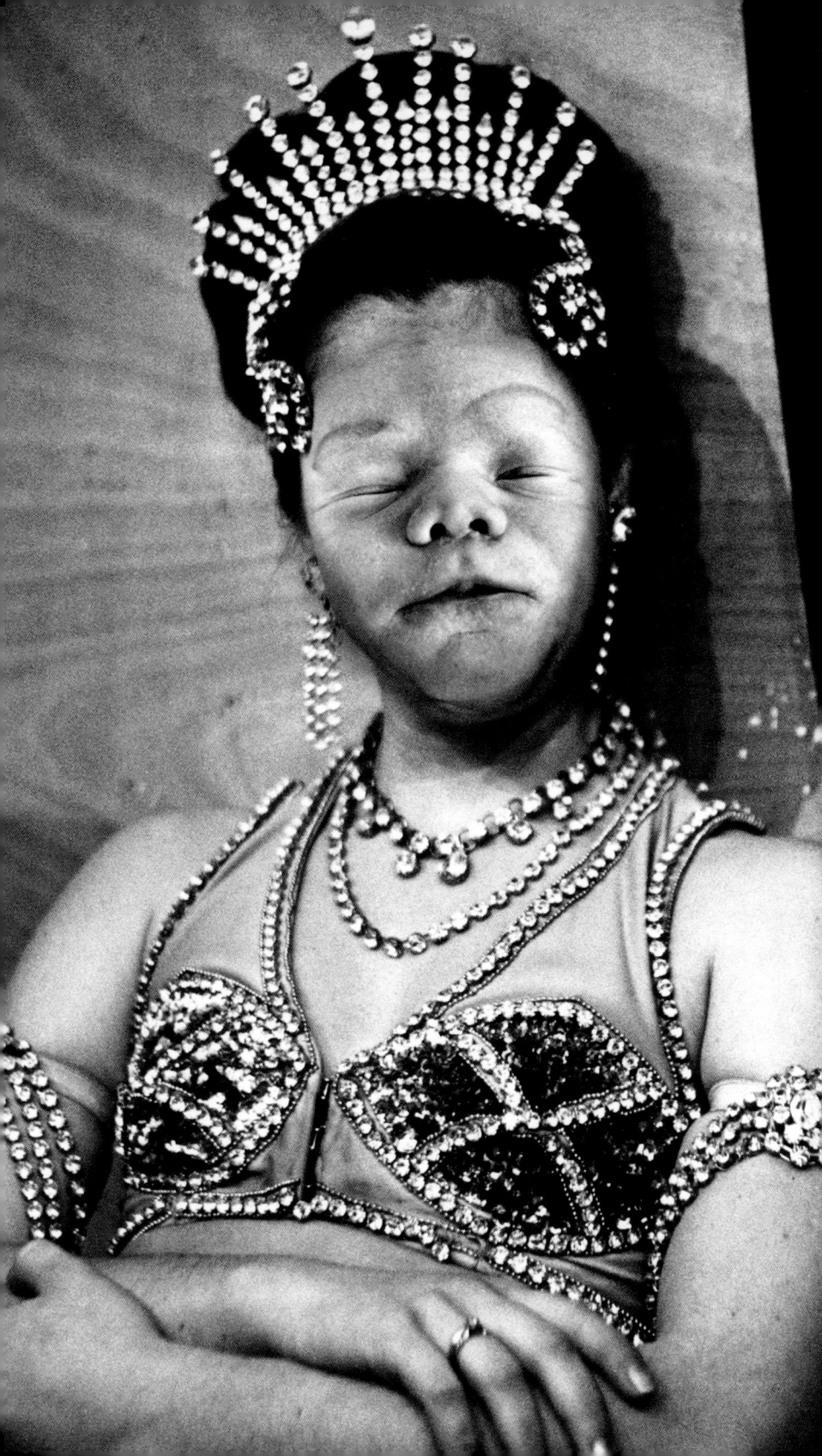

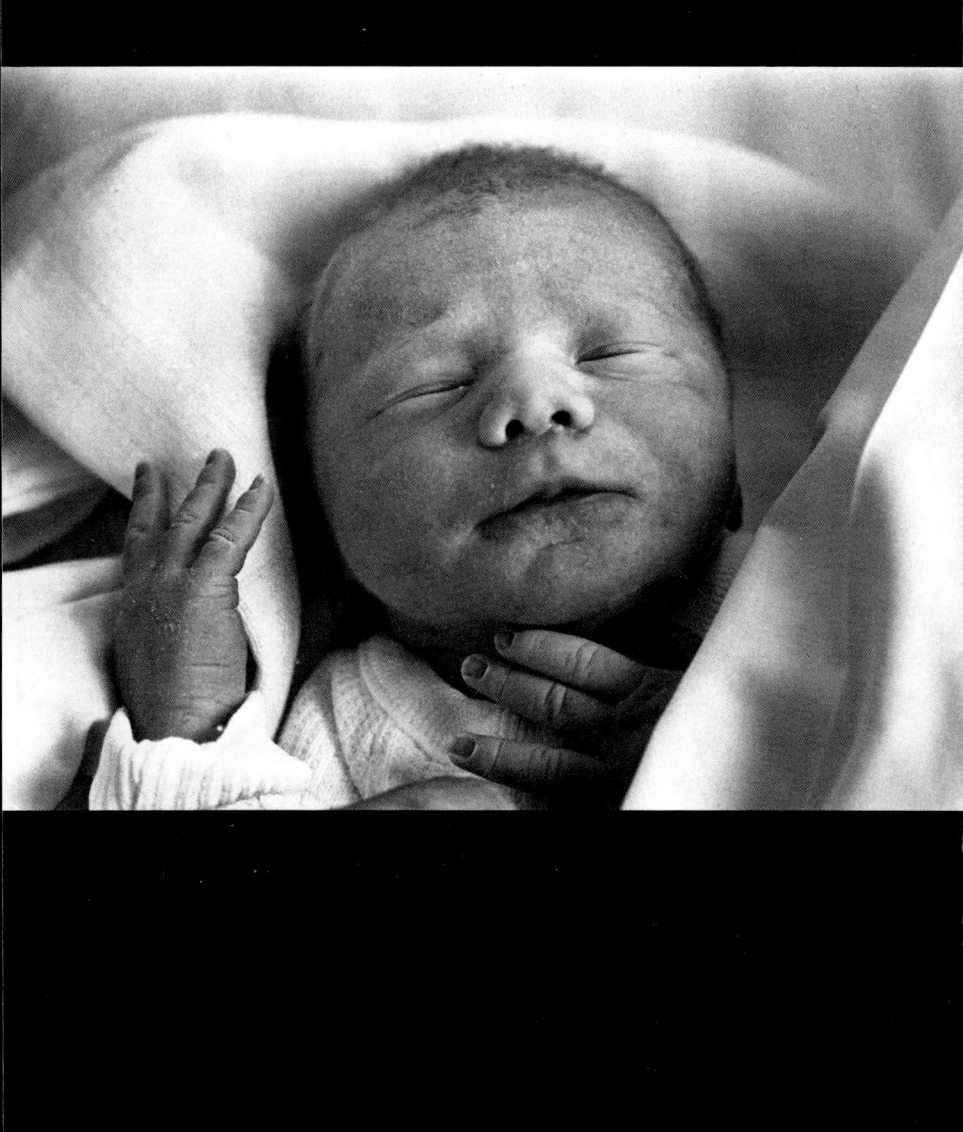

Jan-Werner Müller

Fake Volk?

Über Wahrheit und Lüge im populistischen Sinne

Immer wieder heißt es, Populisten seien große Vereinfacher. Mancher liberale Kommentator geht nach dem »annus horribilis« mit Brexit und Trump sogar noch weiter: Es sei geradezu eine Art Charaktereigenschaft der Populisten, dass sie falsche Versprechungen machten oder schlicht lügen würden. Auf den ersten Blick scheint da etwas dran zu sein: Wer erinnert sich nicht an die Behauptungen der britischen »Leave«-Kampagne, mit dem Brexit könnte man wöchentlich 350 Millionen Pfund einsparen – eine Zahl, welche am Morgen nach dem Referendum mal eben so zurückgenommen wurde? Zwar kann sich kein Mensch unmöglich an alle falschen Behauptungen von Donald Trump erinnern (der *Toronto Star* veröffentlichte kurz vor der US-Wahl eine Analyse, in der dem Unternehmer 560 Falschaussagen nachgewiesen wurden). Aber fast jeder kann sich zumindest an einen Fall erinnern, in dem Trump eine nachweisbare Tatsache schamlos abstritt.

Nur: In welchem Sinne sind Brexit-Befürworter und Trump eigentlich Populisten? Muss jeder Populist lügen? Und wenn ja, warum? Ist das ganze Bild – hier bei uns Liberalen die Wahrheit, den Populisten bleiben nur Fake News und »gefühlte Wahrheiten« – nicht auch arg vereinfachend? Und öffnet diese Fokussierung auf Wahrheit und Falschaussage in der Politik, wo die Rollen vermeintlich so klar verteilt sind, nicht auch eine Hintertür für Klischees – oder, deutlicher gesagt, elitäre Vorurteile – aus der Massenpsychologie des 19. und 20. Jahrhunderts? Laut dieser Theorien kann man sicher sein, dass die irrationalen Massen immer nur darauf warten, vom großen Demagogen verführt zu werden; den ressentimentgeladenen Modernisierungsverlierern braucht man dann mit Argumenten gar nicht erst zu kommen; sie sind ja allein empfänglich für das, was der amerikanische liberale Historiker Richard Hofstadter als einen »paranoiden Politikstil« bezeichnete. In diesem Essay soll gezeigt werden, dass man es sich mit Gleichsetzung von Populismus und Demagogie zu einfach macht. Populisten müssen nicht notwendigerweise falsche politische Versprechen machen. Aber das heißt nicht, dass kein Zusammenhang zwischen Populismus und Lüge besteht. Nur ist die eigentliche Verdrehung bei den Populisten – und es ist eine bewusste, nicht nur ein bedauerlicher Irrtum – die Behauptung, dass es ein homogenes Volk mit einem einzigen authentischen Willen gäbe, welcher den Populisten als politischer Auftrag diene (und den nur die populistischen Führungsfiguren richtig verstehen könnten). Diese – höflicher gesagt – Fiktion zwingt die Populisten dann oft zu vielen kleineren Lügen, um ihren Alleinvertretungsanspruch des Volkes aufrechtzuerhalten. Es wäre aber ein Fehler, wenn liberale Demokraten nun auf diese Lügen einfach mit der Behauptung eines Wahrheitsmonopols ihrerseits antworten würden. Stattdessen sollten sie daran erinnern, dass die Demokratie überhaupt keine Veranstaltung für Absolutheitsansprüche ist (weswegen beispielsweise der Jurist und Demokratietheoretiker Hans Kelsen – der große Gegenspieler Carl Schmitts zu Weimarer Zeiten – erklärte, dass philosophisch gesehen Demokratie und Relativismus zusammengehörten). Liberale sollten wo immer möglich auf Tatsachenwahrheiten insistieren – aber nicht so tun, als seien ihre eigenen Wertvorstellungen und Prinzipien eine Frage von »Kompetenz« oder »rationalen technokratischen Lösungen«.

Einfach gegen komplex – ist es wirklich so einfach?

Populisten, so eine weitverbreitete These, machten stets unterkomplexe, unverantwortliche, wenn nicht gar unlautere Politikangebote; sie lüden ein zu »irrationalem Politikverhalten« (Udo Di Fabio). Der Populismus sei einfach, so Ralf Dahrendorf einmal mit einer einprägsamen Formulierung, die Demokratie jedoch komplex.

Diese Diagnose ist allerdings auch nicht sonderlich komplex. Man muss nicht zum Politrelativisten werden und die Existenz einer Trennlinie zwischen verantwortlicher und unverantwortlicher Politik völlig leugnen, um doch festzustellen, dass diese Trennlinie nicht immer sehr eindeutig verläuft. Sicherlich gibt es Fälle, wo man weder Experte noch weitsichtiger Staatsmann sein muss, um stümperhafte, wenn auch symbolisch vielleicht geschickte Politik klar identifizieren zu können: Man denke an den venezolanischen Präsidenten Nicolás Maduro, den immer wieder äußerst unglücklich agierenden Erben von Hugo Chávez, welcher angesichts sinkender Unterstützung für das Chávez-Projekt eines »Sozialismus für das 21. Jahrhundert« zunehmend Rückhalt beim Militär sucht. Maduro meinte, Inflation dadurch bekämpfen zu können, dass er Soldaten in Geschäfte schickte und diese dann Schilder mit niedrigeren Preisen auf die Waren klebten (die Inflation, so Maduros Erklärung des Vorgehens, sei allein von »Parasiten der Bourgeoisie« verursacht). Ein anderes Beispiel: In den 1980er-Jahren wurde der Front National nicht müde, darauf hinzuweisen, in Frankreich gäbe es eine Million Arbeitslose und eine Million Einwanderer – diese mathematische Gleichung konnte noch ein jeder lösen. Und, ein Exempel aus jüngster Zeit: Man muss nur auf seinen Tweets eine deutliche Sprache finden, und schon verlagern die amerikanischen Unternehmen keine Arbeitsplätze mehr ins Ausland.

Der Populismusvorwurf dieser Art ist jedoch auch schnell bei der Hand, wenn man missliebige Kritik beispielsweise an Eurorettungsmaßnahmen oder Freihandelsabkommen diskreditieren möchte. Für Politiker ist es viel bequemer, auf die Argumente von einmal als Populisten oder als »Anti-Europäer« abgestempelten Akteuren erst gar nicht einzugehen. Eine weitere Versuchung besteht dann darin, die politische Herausforderung von vermeintlichen Populisten sofort als eine Art kollektiver Therapiefall zu behandeln: Natürlich müsse man die Ängste »der Leute« ernst nehmen – aber was sie sagen, sei immer nur als Symptom von irgendwelchen Sozialpathologien zu deuten, nicht als vielleicht bedenkenswerte Kritik beispielsweise an spezifischen Formen von Wirtschafts- und Finanzpolitik.

Diese vermeintlich fürsorgliche, aber de facto immer herablassende Art von liberalen Beobachtern kann jedoch echten Populisten nur weiteren Zulauf bringen. Denn sie bestätigt ja gerade, dass »die Leute« eben als mündige Bürger nicht ernst genommen werden – oder, in der Sprache der Populisten, dass die Eliten nie zuhören. Noch bedenklicher: Für Kritiker von Maßnahmen wie der Eurorettungspolitik oder der Freihandelsabkommen – bei denen es sich häufig gar nicht um Populisten handelt – legt diese Abwehrreaktion von Eliten die Vermutung nahe, dass demokratische Systeme nicht mehr zur Selbstkorrektur fähig seien. Demokratien bilden sich ja etwas darauf ein, dass sie zwar oft langsamer auf Probleme reagieren als Autokratien und vielleicht sogar mehr Fehler machen – aber, anders als autoritäre Systeme, eben Fehler zugeben und aus ihnen lernen können. Wenn grundlegende Kritik aber immer gleich als »populistisch« gilt, beraubt sich die Demokratie ihres eigenen Lernstoffs. Kein Wunder, dass manche Gegner von spezifischen politischen Entscheidungen ihre Kritik dann ein paar Stufen höher fahren und sich im Gebrauch der bei Linken handelsüblichen Slogans von »Postdemokratie« und »Oligarchie« gerechtfertigt sehen.

Nun soll ja gar nicht verneint werden, dass es Unterscheidungen zwischen verantwortlicher und unverantwortlicher Politik gibt. Unverantwortlich handelt, wer sich bei der Analyse einer bestimmten Herausforderung schlicht nicht genug Mühe gemacht hat; unverantwortlich handelt, wer um die langfristig und gesamtgesellschaftlich negativen Konsequenzen einer Entscheidung weiß, sie aber wegen kurzfristiger Vorteile trotzdem so und nicht anders trifft. Aber grosso modo ist »Verantwortlichkeit« nichts, womit man en passant eine Unterscheidung zwischen populistischen und nicht populistischen Positionen markieren kann. Denn nicht zuletzt ist die Frage ja immer auch: Verantwortlich im Hinblick auf welche übergreifenden Werte oder politisch-moralischen Zielvorstellungen? Eine Ablehnung von bestimmten Freihandelsabkommen mag im Hinblick auf eine utilitaristische Maximierung des Bruttosozialprodukts »unverantwortlich« sein; sie kann aber im Lichte anderer Werte – Schutz von bestimmten Milieus und Lebensformen – durchaus die richtige Entscheidung darstellen. Insofern ist die Kategorie »Verantwortlichkeit« auch immer besonders ideologieanfällig. Hinter dem Vorwurf »Verantwortungslosigkeit« – vielleicht noch mit einem schnell gegoogelten Zitat von Max Weber garniert – verbergen sich oft Annahmen, die keineswegs politischer Konsens sind und die man mit einem Pauschalurteil über vermeintliche Populisten vor kritischen Diskussionen sehr bequem schützen kann.

Die populistische Fiktion

Ist also der Eindruck, Populisten seien Vereinfacher oder gar Lügner, selbst in gewisser Weise lügenhaft? Diese Schlussfolgerung wäre voreilig. Populisten vereinfachen in der Tat, aber auf eine Weise, welche nicht direkt mit politischen Inhalten oder »policy solutions« zu tun hat. Die eigentliche Vereinfachung der Populisten besteht darin, dass sie stets behaupten, es gäbe ein homogenes, unverdorbenes Volk, das mit einer Stimme spreche – und zwar durch sie, die Populisten. Kein Populist kann zwei grundlegende Ansprüche aufgeben: erstens, dass das Volk letztlich immer recht hat; und zweitens, dass allein sie, die Populisten, das Volk – oder was von ihnen als »das wahre Volk« oder die »schweigende Mehrheit« bezeichnet wird – verträten. Dieser moralische Alleinvertretungsanspruch führt dazu, dass Populisten systematisch ihre Mitwettbewerber um die Macht für illegitim erklären. Es geht nie nur um den Streit über politische Inhalte – der bekanntlich in der Demokratie etwas völlig Normales ist. Stattdessen machen die Populisten jeden Konflikt immer sofort zu einer Charakterfrage, sie werden immer gleich persönlich: Die anderen Politiker sind schlicht korrupt oder arbeiten gar nicht für »das Volk«, sondern vielleicht für die EU oder multinationale Unternehmen oder für das, was Steve Bannon, der Chefstratege Donald Trumps, schlicht die »Partei von Davos« nennt. Kurzum: Sie sind unmoralisch.

Es ergibt sich noch eine weitere Konsequenz aus dem moralischen Alleinvertretungsanspruch der Populisten: Wer die Vorstellung des »wahren Volkes«, welche die Populisten vorgeben, nicht teilt (und deswegen die Populisten auch politisch meistens nicht unterstützt), wird symbolisch, moralisch und unter Umständen auch de facto vom authentischen Volkskörper ausgeschlossen. Man erinnere sich an die triumphale Rede von Nigel Farage noch in der Nacht des Brexit. Es habe sich, so Farage, um einen Sieg für »real people« gehandelt – eine Aussage, welche zumindest implizierte, dass die 48 Prozent der Briten, welche in der EU verbleiben wollten, offenbar nicht ganz »real« seien. Ähnlich argumentierte Donald Trump in einer Wahlkampfrede im Mai vergangenen Jahres. Im Wortlaut: »The only important thing is the unification of the people – because the other people don't mean anything.« Die Vereinigung des Volks sei am wichtigsten; all die anderen Leute zählten nicht – auch dann nicht, wenn sie vielleicht amerikanische Staatsbürger sind. Anders gesagt: Für die Populisten ist Volk nie nur Volk im Sinne eines Kollektivs, das aus allen Bürgern besteht. Nur einige sind »real people« – und den Rest kann man getrost außen vor lassen.

Ist diese Vereinfachung nun im strikten Sinne eine Lüge? Beginnen nicht alle erfolgreichen politischen Akteure mit einer symbolischen Konstruktion eines kollektiven Subjekts, um Menschen zu mobilisieren? Dass es nicht nur das *eine* Interesse der Arbeiterklasse gibt, dass vielleicht nicht *alle* Frauen das Patriarchat als unterdrückerisch genau in dem einen Sinne erfahren, welchen feministische Theoretikerinnen vorgeben, dass die Dinge immer komplexer sind, als politisch motivierte Zuspitzungen suggerieren – zeigt das alles nicht, dass an den Populisten gar nichts Besonderes ist, und vor allem, dass an ihnen nichts besonders Verwerfliches ist?

In der Tat darf in der Demokratie buchstäblich jeder ein Repräsentationsangebot machen, nach dem Motto: Folgt mir, meiner Partei oder meiner Nichtregierungsorganisation. Diese Angebote werden auch immer Beschreibungen von Interessen und Identitäten beinhalten, welche man im Zweifelsfall als unterkomplex kritisieren kann. Man stellt als Politiker (aber auch als zivilgesellschaftlicher Akteur, der eine Gefolgschaft organisieren möchte) sozusagen eine vereinfachende Theorie oder Hypothese auf, beruhend zum Teil auf quasisoziologischen Beobachtungen, zum Teil aber vielleicht nur Intuitionen über Stimmungen im Land. Nur: Der Clou der Demokratie besteht darin, dass diese Angebote auch immer wieder angefochten und Identitäten und Interessen neu verhandelt werden können – und vor allem, dass Theorien und Hypothesen durch politischen Misserfolg widerlegt werden können. Repräsentation ist ein dynamischer Prozess, keine mechanische Reproduktion immer bereits bestehender Identitäten und Interessen. Und Demokratie als Ganzes ist ein Experiment, bei dem politischer Erfolg und Misserfolg nie genau vorausgesagt werden können. Dort, wo die Ergebnisse immer schon vorher klar sind, handelt es sich meistens um keine Demokratie.

Die Populisten sehen die Dinge anders. Ihr »wahres Volk« oder auch ihre »schweigende Mehrheit« sind empirieresistente Konstruktionen. Wenn eine Wahl anders ausgeht, als der moralische Alleinvertretungsanspruch es nahelegt – sprich wenn die illegitimen Eliten oder, im Sprachgebrauch der AfD, die »Einheitsparteien« gewinnen –, dann liegt es nicht daran, dass die Populisten mit ihrem Repräsentationsangebot vielleicht falschgelegen hätten. Nein, es lässt sich nur so erklären, dass die Eliten etwas hinter den Kulissen gemauschelt haben oder die vermeintlich demokratischen Verfahren es verhindern, dass die Mehrheit sich auch wirklich artikulieren kann. Mit anderen Worten: Wäre die Mehrheit nicht durch die perfiden Eliten zum Schweigen verurteilt, hätten die Populisten immer schon die Macht.

Populisten operieren mit einem Unterschied zwischen einem Volkswillen als Ergebnis von Verfahren und einem »wahren« Volkswillen, welchen im Zweifelsfalle nur sie kennen. Donald Trump insistiert bis heute, er habe eigentlich auch die »popular vote« in den USA gewonnen, weil man von Hillary Clintons offiziellem Vorsprung von fast drei Millionen Stimmen die »illegalen Stimmen« abziehen müsse. Die Behauptung, es habe Wahlbetrug zugunsten Clintons gegeben, ist bekanntlich völlig unbewiesen. Es hat aber nicht nur mit dem sattsam bekannten Narzissmus Trumps zu tun, dass aus seiner Sicht nicht sein kann, was nicht sein darf. Der grandiose Anspruch, mit seinem Einzug ins Weiße Haus regiere endlich wieder das Volk, könnte allein schon dadurch infrage gestellt werden, dass die vermeintliche Mehrheit, die zum Schweigen verdammt war (bevor ihr Trump eine Stimme gab) am Wahltag gar keine Mehrheit gewesen ist. In der populistischen Vorstellungswelt steht hier wirklich etwas auf dem Spiel.

Norbert Hofer, der unterlegene FPÖ-Kandidat für das österreichische Bundespräsidentenamt, stellte 2016 die Behauptung in den Raum, sein Kontrahent Alexander Van der Bellen sei gezählt, aber nicht gewählt worden. Doch in der Demokratie gibt es letztlich nur Zahlen und keine mehr oder weniger mystische Substanz, welche sich ausspielen ließe gegen Verfahren, bei denen am Ende eben immer nur Stimmzettel gezählt werden können. Dieser Split zwischen Zahl und Substanz erinnert fatal an die theoretischen Vorgaben Carl Schmitts in den 1920er-Jahren. Seinerzeit behauptete der antiliberale Jurist:

»Die einstimmige Meinung von 100 Millionen Privatmenschen ist weder Wille des Volkes noch öffentliche Meinung. Der Wille des Volkes kann durch Zuruf, durch *acclamatio*, durch selbstverständliches unwidersprochenes Dasein ebensogut und noch besser demokratisch geäußert werden als durch den statistischen Apparat, den man seit einem halben Jahrhundert mit einer so minutiösen Sorgfalt ausgebildet hat. Je stärker die Kraft des demokratischen Gefühls, um so sicherer die Erkenntnis, daß Demokratie etwas anderes ist als ein Registriersystem geheimer Abstimmungen. Vor einer, nicht nur im technischen, sondern auch im vitalen Sinne unmittelbaren Demokratie erscheint das aus liberalen Gedankengängen entstandene Parlament als eine künstliche Maschinerie, während diktatorische und cäsaristische Methoden nicht nur von der *acclamatio* des Volkes getragen, sondern auch unmittelbare Äußerungen demokratischer Kraft und Substanz sein können.«[1]

Mit anderen Worten: Alle politischen Akteure in einer Demokratie machen Repräsentationsangebote, welche auf symbolischen (und auch moralischen) Konstruktionen von Gruppenidentitäten beruhen. Aber diese Angebote werden von Demokraten als fehlbar und prinzipiell anfechtbar akzeptiert. Zudem widersprechen sie nicht der normativen Grundannahme (und auch empirischen Grundtatsache), dass Demokratien pluralistisch sind.

Darüber hinaus suggerieren die Populisten aber noch etwas anderes (und hier kommt doch noch einmal das Thema politische Verantwortungsethik ins Spiel). Politisch erfolgreiche Populisten tun so, als hätten sie von dem einen, homogenen Volke ein imperatives Mandat erhalten; sie behaupten, es gäbe so etwas wie einen direkten Befehl des Volkes, der dann von den Politikern nur noch vollstreckt werden müsste (interessanterweise bestätigen empirische Untersuchungen beispielsweise über Pegida diese These; bei Pegida-Anhängern, so diese Analysen, herrsche das Prinzip einer »Bestellungsdemokratie«: Das Volk bestellt mit eindeutigen Aufträgen, die Politiker sollen liefern – wobei die Pegida-Demonstranten dann, um im Bild zu bleiben, so etwas wie Reklamation melden).[2] Dieser eindeutige Auftrag ist jedoch eine Fiktion. Dies gilt im Übrigen auch für vermeintliche »Verträge mit dem Volk«. Hier können die kleinen Unterschiede sehr wichtig sein: Bill Clintons »Covenant« war eine zivilreligiöse Metapher; im Gegensatz erhob der »Contract with America« des Republikaners Newt Gingrich den Anspruch, eine detaillierte Handlungsanweisung zu sein; Ähnliches gilt für die »Verträge« der populistischen Schweizer Volkspartei. Fiktionen sind sie alle.

Eine weitverbreitete Meinung, wonach Populisten vielleicht im Auftreten etwas grob, aber in der Sache doch gut für die Demokratie sein könnten, weil sie »das Volk« wieder irgendwie näher an die Politik heranbrächten, ist also nicht zu halten. Populisten wollen gar nicht prinzipiell »mehr Volksbeteiligung«, wie es Verfechter der ursprünglichen Idee des imperativen Mandats fordern. Sie streben keine Umgestaltung der politischen Systeme in Richtung mehr direkte Demokratie und Kontrolle durch die Wähler an; höchstens wollen sie bisweilen ein Referendum nutzen, um zu demonstrieren, dass die derzeit Mächtigen den vermeintlich wahren Volkswillen nicht umsetzten.

Zudem sind Populisten – auch hier entgegen dem, was häufig behauptet wird – an einer Repräsentation politischen *Willens* gar nicht wirklich interessiert. Was Populisten als authentischen Volkswillen bezeichnen, ist keine empirische Größe sprich Mehrheitsentscheidung, die sich aus komplizierten, langen, vielleicht oft auch nervigen Diskussionen erst herausbilden muss. Vielmehr wird der »wahre Volkswille« kurzerhand aus einer symbolischen Repräsentation des »wahren Volkes« abgeleitet. Ergo: Populisten wollen keinen ergebnisoffenen politischen Diskussionsprozess unter den Bürgern, sondern kennen die richtige – weil vom Volksbegriff her symbolisch und moralisch korrekte – Antwort immer schon vorher. Es geht also nicht um so etwas wie Jean-Jacques Rousseaus »volonté générale«, an dessen Bildung die Bürger wirklich beteiligt sind; vielmehr gilt es, so etwas wie einem »authentischen Volksgeist« mit all seiner »Kraft« und »Substanz« (Schmitt) Geltung zu verschaffen – was, glaubt man Schmitt, eben jenseits aller politischen und rechtlichen Prozeduren am besten gelingen kann.

Man denke hier beispielsweise an Viktor Orbáns Referendum zu der Frage, ob Brüssel in Ungarn Migranten ansiedeln dürfe, das Anfang Oktober 2016 an zu geringer Beteiligung scheiterte. Anders als populistische Verlierer anderswo konnte Orbán schwerlich behaupten, korrupte Eliten hätten die Verfahren zu ihrem Vorteil manipuliert – denn das ganze Prozedere war bekanntermaßen nach Gutdünken von Orbán gestaltet worden (und wurde zudem noch mit einer für die Steuerzahler

35 Millionen Euro teuren Kampagne gegen Flüchtlinge flankiert). Trotzdem fand der ungarische Premier einen Weg, das für ihn eher peinliche Ergebnis vom Tisch zu wischen: 98 Prozent der Referendumsteilnehmer hätten im Sinne der Regierung gestimmt; wer zu Hause geblieben war, wurde von der Regierungspartei kurzerhand einer schweigenden Mehrheit zugeschlagen, welche in diesem Fall ganz offenbar mit der Regierungslinie übereinstimme. Mit anderen Worten: Die moralisch korrekte Antwort, letztlich basierend auf der ungarischen, allein von Orbáns Fidesz-Partei richtig verstandenen nationalen Identität, war im Grunde schon vorher klar gewesen; sie wurde nun, offenbar ganz unabhängig vom empirischen Ergebnis eines politischen Verfahrens, bestätigt.

Es ist also kein Zufall, dass Populisten im Zweifelsfall auf Behauptungen über das »wahre Volksempfinden« zurückgreifen. Newt Gingrich, der sich im Zuge seiner Unterstützung für Donald Trump während des Wahlkampfes 2016 auch vieler populistischer Argumente bediente, stritt in einem Interview bei CNN schlichtweg ab, das die Kriminalität in den USA gesunken sei. Als die Journalistin ihn mit der Tatsache konfrontierte, dass die Statistiken vom FBI stammten, antwortete Gingrich, er verlasse sich darauf, wie die Bürger fühlten, nicht auf das, was »Theoretiker« behaupteten. »Tatsachenwahrheiten«, die laut Gingrich »theoretisch korrekt« seien, können also offenbar von »Gefühlswahrheiten« ausgestochen werden. Das Entscheidende ist nicht, dass Gefühle ihre eigene Realität haben – was wohl niemand abstreiten würde. Für den Populisten ist es vielmehr ausschlaggebend, dass allein er Zugang zum wahren Volksempfinden hat. Und dieses Empfinden wiederum ist nicht immer schon irgendwie in authentischer Form vorhanden. Die Populisten versuchen, es nach besten Kräften in ihrem Sinne zu beeinflussen. Bekanntermaßen hat Donald Trump in fast allen seinen Reden ein geradezu apokalyptisches Bild des Zustandes der Vereinigten Staaten gezeichnet – nur um sich dann als Retter der Nation zu präsentieren, der den Hilferuf eines Volkes von Opfern und Zukurzgekommenen erhört habe.

Populistisch = postfaktisch?

Zeigt der derzeitige Erfolg der Populisten, dass wir in eine »postfaktische Ära« eingetreten sind – und dass viele Bürger eben doch von den Massenpsychologen richtigerweise als irrational bezeichnet worden sind? Vielen geht die Diagnose einer postfaktischen (oder wie es im Englischen bekanntlich noch emphatischer heißt: »post-truth«) Ära inzwischen sehr leicht von der Zunge. Das macht die Diagnose aber noch nicht selbst zum Fakt – die Fakten über das postfaktische Zeitalter sind bei Weitem noch nicht etabliert. Wir haben zwar das Gefühl, einen neuen Strukturwandel der Öffentlichkeit zu durchleben, dem die Wahrheit zum Opfer fallen könnte – aber das ist selber eher eine »gefühlte Wahrheit«.

Fakten sprechen nur in den seltensten Fällen einfach so für sich: Sie sind Teil eines bestimmten Narrativs, sie schillern im Lichte unterschiedlicher Wertvorstellungen und persönlicher oder auch kollektiver Erfahrungen. Hannah Arendt bestand auf der strikten Trennung von »Tatsachenwahrheiten« und Meinungen; sie betonte, die fatale Tendenz, die Trennlinie zwischen »faktischer Wirklichkeit« und Meinungen zu verwischen, sei schon eine Form der Lüge. Doch schrieb sie in ihrem klassischen Text zu Wahrheit und Politik auch: »Tatsachen sind der Gegenstand von Meinungen, und Meinungen können sehr verschiedenen Interessen und Leidenschaften entstammen, weit voneinander abweichen und doch alle noch legitim sein, solange sie die Integrität der Tatbestände, auf die sie sich beziehen, respektieren.«[3]

Die Aussagen von Gingrich und Trump passieren diese Latte der Legitimität offenbar nicht. Aber schon bei der Brexit-Debatte zeigt sich die Wichtigkeit von Arendts Anmerkungen über etwas, was die Sozialpsychologen heutzutage »framing« nennen würden. In Großbritannien überließen es Konservative und Labour weitgehend dem Rechtspopulisten Nigel Farage, zu definieren, worum es bei dem Referendum eigentlich ging. Farage machte den Bürgern ein einfaches Meinungsangebot: britische Freiheit und Souveränität auf der einen Seite, Brüsseler Diktatur auf der anderen. Seine Kontrahenten vermochten es nie, diese Erzählung grundsätzlich infrage zu stellen; allenfalls argumentierten sie, dass Brüssel doch nicht ganz so diktatorisch sei, wie Farage behauptete, oder dass man in nicht näher definierten Neuverhandlungen irgendwie einen besseren Deal für die Insel herausholen würde. Farage galt gemeinhin als Exzentriker oder gar als eine Art Polit-Entertainer, bei dem es – hier Trump vergleichbar – auf jeden Fall nie langweilig wird. Aber dann gaben vermeintliche »Establishment-Politiker« wie Boris Johnson und vor allem der als hochintellektuell wahrgenommene Justizminister Michael Gove der großen Erzählung Farages ihren Segen. Gove insbesondere hatte ein hohes Maß an Glaubwürdigkeit, als er verkündete, das Land habe genug von Experten – denn er wurde ja selber als eine Art Experte wahrgenommen (war also gewissermaßen Experte für den wahren Status von Expertise). Als schließlich das britische Finanzministerium im Mai das von Experten zertifizierte Faktum bekannt gab, dass der Brexit jede Familie mindestens 4000 Pfund ärmer machen würde, hatte diese Tatsache eine andere Bedeutung, als wenn man Farages Fantasiegeschichten gleich effektiv angefochten hätte. Wer würde nicht 4000 Pfund für Demokratie und Freiheit zahlen wollen? Eigentlich erstaunlich preiswert!

Bei Populisten spielen Fakten im Vergleich mit dem »wahren Volkswillen« in der Tat nur eine sekundäre Rolle – aber daraus folgt nicht, dass der weltweite Siegeszug von Populisten die Faktenresistenz des Volkes belegt. Der Populist verspricht auch, was man mit einem von der italienischen Demokratietheoretikerin Nadia Urbinati geprägten, paradox anmutenden Begriff »direkte Repräsentation« nennen kann. Es soll keine komplizierten Vermittlungen zwischen dem Bürger und seinen Vertretern geben, etwa durch Parteiapparate oder Medien. Wer vermittelt, verfälscht – so beispielsweise auch die Grundidee eines Beppe Grillo, der immer die »casta« der italienischen Berufspolitiker und professionelle Journalisten gleichzeitig attackiert. Grillo verkündete einmal: »Leute, die Sache läuft so: Ihr sagt mir, was los ist, und ich bin der Lautsprecher.« Inzwischen weiß man, dass es bei Grillos Bewegung und insbesondere auch seinem Blog doch ein wenig anders läuft. Aber die Suggestion, im unmittelbaren Kontakt mit dem alleinigen authentischen Repräsentanten des Volkes zu stehen, ist mächtig – und verstärkt die Identifikation mit diesem Repräsentanten.

Was Grillo der Blog, ist Trump bekanntlich Twitter. Mit gewohnter Bescheidenheit hat Trump sich den Hemingway der 140 Zeichen genannt. Zumal, so Trump einmal, er Twitter auch deswegen liebe, weil es wie eine Zeitung sei, nur ohne Verluste. Der vermeintliche »Kurznachrichtendienst« – eine irreführende Formulierung insofern, als man glauben könnte, hier würden einem persönlich kurz und knapp exklusive Informationen mitgeteilt – suggeriert den »Followers« den Eindruck einer direkten Beziehung: »Hey, er denkt um drei Uhr morgens genau, was ich auch gerade denke!«

Fakten sind für Identifikationen nicht irrelevant, aber oft zweitrangig. Wir identifizieren uns meistens weiter mit Freunden und Familie, auch wenn wir einmal herausfinden, dass ihre Lebensläufe vielleicht etwas anders aussehen, als wir dachten, oder wir sie mal beim Lügen erwischen. Trumps Erfolg hatte weniger mit der Herrschaft des Postfaktischen zu tun als mit seiner absolut rücksichtslosen (und oft rassistischen) Identitätspolitik – begünstigt durch neue Technologien, welche direkte Identifikationen leichter machen.

Trumps scheinbare Unkontrolliertheit auf Twitter bis hin zu Rechtschreibfehlern wurde als Zeichen von Authentizität gedeutet; wie beim Reality-TV war der Eindruck von Spontaneität und starker Persönlichkeit offenbar wichtiger als die Frage, um welche Art von Persönlichkeit es sich handelt. Und jeder konnte sich mit ihm auf Twitter verbunden fühlen – Tag und Nacht. War dieses Gefühl früher etwas ganz Außeralltägliches – vielleicht empfand man so während einer leidenschaftlichen Rede des Vorsitzenden auf einer Parteiversammlung –, ist es jetzt immer »one click away«. Man kann den Eindruck haben, hier spräche der bald mächtigste Mann der Welt mit dem eigenen inneren Trump.

Es kommt aber, wie man spätestens nach der Amtseinführung Trumps feststellen konnte, noch etwas anderes hinzu. Wer schamlos etwas Fal-

sches behauptet und andere dazu bringen kann, es auch zu behaupten –
obwohl alle, inklusive der Zuhörerschaft, wissen, dass es sich um eine
Lüge handelt, beweist nicht mehr so sehr die direkte Verbindung zum
Volk, sondern Macht. Diese Technik kennt man aus autoritären Staaten. Wer wissentlich einfach Lügen wiederholt, signalisiert damit den
Herrschenden, dass er sich einfügen will und kann (ein bekanntermaßen
von Václav Havel mustergültig beschriebener Prozess).

Und die liberale Gegenoffensive …?

Jeder hat das Recht auf eigene Meinung, aber nicht auf eigene Fakten.
Dieser oft zitierte Satz des liberalen amerikanischen Politikers Daniel
Patrick Moynihan bleibt richtig. Die Frage ist nur, wo die Trennlinie
zwischen Fakt und Meinung oder Interpretation genau verläuft. Die
Tendenz von derzeit in die Defensive getriebenen Liberalen ist oft, gegenüber den Populisten auf Wahrheit und faktisch erwiesene Kompetenz zu verweisen. Dies war im Kern Hillary Clintons Strategie, welche
den US-Wahlkampf 2016 am Ende auf einen Konflikt zwischen Kompetenz und Inkompetenz zuspitzte. Die Gefahr besteht hier nicht nur
darin, dass alle Wähler, die sich zu dem Populisten hingezogen fühlen,
das Gefühl vermittelt bekommen, sie seien eigentlich für die moderne
Welt zu dämlich. Das Problem ist auch, dass sich hier am Ende zwei
Formen von Antipluralismus gegenüberstehen. Auf der einen Seite der
Populist, der behauptet, es gäbe nur den einen wahren Volkswillen; auf
der anderen die (salopp gesagt) Technokraten, welche den Bürgern suggerieren, Sachzwänge erlaubten nur eine rationale Lösung für jede politische Herausforderung.

Liberale sollten auf Tatsachenwahrheiten bestehen – es gibt keine
»alternativen Fakten«. Aber es gibt immer alternative Meinungen und
politische Urteile, und angesichts dieser unaufhebbaren Pluralität müssen die Liberalen für ihre Meinungen – was am Ende auch immer heißt
ihre Wertvorstellungen und Prinzipien – einstehen und kämpfen.

Anmerkungen

1 Carl Schmitt: *Die geistesgeschichtliche Lage des heutigen Parlamentarismus.* Berlin 1991, S. 22 f.

2 Maik Herold, Hans Vorländer, Steven Schäller: *PEGIDA. Entwicklung, Zusammensetzung und Deutung einer Empörungsbewegung.* Wiesbaden 2015.

3 Hannah Arendt: *Wahrheit und Politik.* Berlin 2006, S. 23.

Peter Felixberger
Achtung: Wahrheit!
Gerechtigkeit als Semantikcontainer

Soziale Gerechtigkeit ist eines der umstrittensten Themen in der politischen Öffentlichkeit. Umstritten deshalb, weil es erstens eine unübersichtliche soziale Meinungsverteilung gibt (Differenzen, Widersprüche, Antinomien) sowie zweitens Begriffsdefinitionen und daraus abgeleitete Schlussfolgerungen und Lösungskonglomerate willkürlich und unscharf verwendet werden. Jedes öffentlichkeitsrelevante Thema – hier verstanden als Bündel aller jeweils aktuell verwendeten Theorie-, Kommunikations- und Argumentationsstränge – erzeugt deshalb auch Begriffsfindungs- und Begriffsverwendungsstörungen in einer Gesellschaft. Irgendjemand verwendet eine Begrifflichkeit irgendwo immer anders, als sie ein anderer versteht. Und: Jeder Begriff wird entsprechend so aufgeladen, wie er im eigenen Kommunikationsraum und -kontext kompatibel und anschlussfähig ist. Daraus ergeben sich zwei Folgen:

Alle Akteure bunkern ihre Wahrheiten in eigenen Semantikcontainern und stempeln konkurrierende Wahrheiten ab. Jüngst erst hat die SPD das Thema »Soziale Gerechtigkeit« wieder zum Wahlkampfthema Nummer 1 erkoren. Im Wahljahr gilt es, rechtzeitig den Claim abzustecken und sich vom politischen Gegner abzugrenzen. In den nächsten Monaten werden wieder diverse narrative Kleinkriege um Gerechtigkeit ausgefochten.

Blenden wir mitten hinein in die Gefechtslage: Soll das Vermögen der Reichen mehr oder weniger besteuert werden? Die Gesellschaft ist sich uneins. Die Leistungsgerechten rufen: »Finger weg von den Steuern!« Leistung müsse sich weiterhin lohnen dürfen. Die Verteilungsgerechten poltern zurück:»Ran an die Steuern!«Nur die Umverteilung von oben nach unten schaffe zufriedene Bürger. Soziale Ungleichheit wird zum medialen Rattenrennen. Titelzeilen lauten:»Ungestört Milliardär bleiben«,»Reich vererbt sich«,»Egoismus statt Gemeinsinn« oder»Die Gerechtigkeitsmisere«. Das Problem dahinter: Jede Debatte und Diskussion über soziale Gerechtigkeit mäandert nur im Delta der eigenen Urteile und Wahrheiten. So haben Politiker und Hartz-IV-Empfänger einen anderen Gerechtigkeitsbegriff als Unternehmer und Manager. Und beide Seiten reden kräftig aneinander vorbei, wenn es um ein gemeinsames Verständnis geht. Game over!

Die große Parade der Wahrheiten beginnt

Variante 1 argumentiert anschlusskommunikativ wie folgt: Soziale Ungleichheit werde von den meisten Deutschen mittlerweile als»zu groß« empfunden. Die wachsende Schere zwischen Arm und Reich schade langfristig der wirtschaftlichen Entwicklung des Landes. In Variante 2 weiß es ein Wirtschaftsforscher anders:»Ungleichheit ist für eine Marktwirtschaft unabdingbar, es kommt auf das richtige Maß an. In den USA bekommen die oberen zehn Prozent 5,1-mal höhere Löhne als die unteren zehn Prozent – in Deutschland ist das Verhältnis eins zu 3,4. Wir stehen besser da als der Schnitt der OECD-Staaten. Und die Menschen empfinden das auch so: Noch nie seit der Wiedervereinigung waren die Sorgen um die eigene wie die allgemeine wirtschaftliche Lage so niedrig wie heute.«Ein Lehrstuhlinhaber für Soziale Ungleichheit spricht hingegen von der»Abstiegsgesellschaft«. Einer Gesellschaft, in der es zwar mehr Erwerbstätige als je zuvor gibt, diese»aber weniger Rechte, weniger soziale Sicherheit und geringere Einkommen haben«. Wer aber steigt auf, und wer steigt ab? Zwei italienische Banker haben stellvertretend die Steuerdaten einer oberitalienischen Stadt unter die Lupe genommen. Das Ergebnis:»Die Top-Verdiener unter den heutigen Steuerzahlern standen bereits vor sechs Jahrhunderten an der Spitze der Leiter.«

Es gebe offenbar einen Glasboden, der die Reichen davor schützt, sozial abzustürzen. Das gelte vermutlich, so die Banker, auch für alle anderen Länder Westeuropas. Und weiter geht's! Jetzt werden geradezu archetypische Reflexe ausgelöst. Auftritt eines Wohlfahrtsverbandes, von dem seit vielen Jahren die soziale Lage der Nation ins Visier genommen wird. 2016 klingt es im Resümee wie folgt:»Deutschland ist nicht nur eines der reichsten Länder dieser Welt, sondern auch eines der Länder mit der höchsten sozialen Ungleichheit.« Die Vermögensstatistik zeige, dass»das wohlhabendste Prozent der Bevölkerung fast ein Drittel des gesamten privaten Nettovermögens« beanspruche,»während 40 Prozent der Bevölkerung ohne nennenswerte Besitztümer dastehen«. Auch die Einkommensunterschiede würden weiter wachsen.»So seien die realen Einkommen des Erwerbstätigenzehntels mit den besten Verdiensten zwischen 2010 und 2012 um 15 Prozent gestiegen, während die mittleren und unteren Einkommensgruppen Kaufkraftverluste hätten hinnehmen müssen. Derart große Ungleichgewichte würden zunehmend als ungerecht empfunden und schwächten Zusammenhalt und Solidarität.«

Wir schalten einen Gang zurück

Stichwort: Lohngerechtigkeit. Sie ist in der empirischen Gerechtigkeitsforschung ein zentrales Untersuchungsfeld. Wie gerecht oder ungerecht empfinden die Menschen ihre Löhne – bei sich und anderen? Seit Langem weiß man, dass Beschäftigte den Lohn stets aus zwei Perspektiven bewerten: Erstens das Verhältnis von Anstrengung und Entlohnung im Vergleich zu anderen Beschäftigten. Und zweitens die leistungsgerechte Verteilung zwischen Beschäftigten und Unternehmenseignern, also die kollektiven Leistungsanteile. Aus dem Jenseits lässt sich ein britischer Industriesoziologe deutscher Herkunft vernehmen, der einst als Erster das»Gesetz der Grenzdisparität« formuliert hat:»Im rationalen Verhalten der Unternehmer und der Arbeiter wird ein solches Maß an

Disparität zwischen Arbeitsmühe und Arbeitsentgelt angestrebt, das gerade noch zumutbar ist, ohne einen offenen Konflikt auszulösen.« Will sagen: Der Einzelne arbeitet so viel, wie er bezahlt bekommt. Und die Firma bezahlt so viel, wie der Einzelne arbeitet. Irgendwo dazwischen wird der Stein der Gerechtigkeit gesucht. Diese Grenzdisparität wird bis zum heutigen Tage in Deutschland untersucht. Befragt werden regelmäßig Erwachsene zur Angemessenheit der eigenen Entlohnung sowie zu der von Managern und Hilfsarbeitern, also der Gehälter oben und der Bezahlung unten. Das Ergebnis: 54 Prozent der befragten Erwerbstätigen empfinden ihr aktuelles Einkommen als gerecht (als Balance zwischen Arbeitsmühe und Arbeitsentgelt). Hingegen empfinden nur 23 Prozent der Befragten Managergehälter und 29 Prozent Hilfsarbeiterlöhne als gerecht. Ein Arbeitssoziologe kommentiert:»Politisch bedeutsam ist, dass das Ausmaß an empfundener Entlohnungsungerechtigkeit bei den Managergehältern deutlich größer ist als beim eigenen Einkommen oder bei den Hilfsarbeiterlöhnen.« Rund 75 Prozent empfinden Managergehälter als zu hoch, rund 70 Prozent Hilfsarbeiterlöhne als zu niedrig.

Spielball Mindestlohn

Zu niedrig? Wir sind beim Mindestlohn angekommen. Gerechtigkeitstheoretisch ist er eine arg strapazierte Denkfigur. Die Verteilungsgerechten sind sich schnell einig:»Mindestlöhne sorgen für Gerechtigkeit. Mindestlöhne stoppen die Abwärtsspirale der Löhne, unter der immer häufiger auch Beschäftigte mit Berufsausbildung oder Studium leiden.« Mindestlöhne schaffen einen»fairen Wettbewerb«, weil mehr Löhne die Binnenwirtschaft ankurbeln, für mehr Gleichberechtigung sorgen (Frauen werden von Lohnarmut befreit),»würdigere Arbeitsbedingungen« schaffen und den Staatshaushalt entlasten. Kurzum: Würde der Staat Mindestlöhne vorschreiben, hätte dies volkswirtschaftlich einen höheren Nutzen – bei gerechteren Löhnen für alle.

Die Leistungsgerechten pochen wiederum auf ihre Sicht der Dinge: »Wenn Mindestlöhne … eingeführt werden, ist das letztlich nichts anderes als eine protektionistische Maßnahme. Der Wettbewerb wird eingeschränkt und die Preise werden künstlich hochgehalten.« Mindestlöhne würden keinen beschäftigungspolitischen oder volkswirtschaftlichen Nutzen stiften. »Potentielle Wohlfahrtsgewinne« seien nicht zu erwarten. Kurzum: Würde der Staat Mindestlöhne vorschreiben, würde es über die Verteuerung von Arbeit zu höheren Preisen, zur Vernichtung von Arbeitsplätzen und zu volkswirtschaftlich negativen Effekten kommen.

Auftritt eines Fast-Kanzlerkandidaten von morgen: »Wer 40 Stunden die Woche arbeitet, erhält am Ende des Monats rund 1470 Euro brutto. Nicht viel für ein Arbeiten in Würde. Auch diese Beschäftigten gehören zu den Leistungsträgern unserer Gesellschaft. Hier liegt die größte moralisch-ökonomische Herausforderung, die sich unserer Volkswirtschaft überhaupt stellt: dass so viele, die sich anstrengen und vieles richtig machen, trotzdem nicht weit kommen. Da müssen wir ran.«

Ran an was? In der Praxis zeigen sich die unterschiedlichsten Folgeabschätzungen des Mindestlohns, die je nach Lagerzugehörigkeit unterschiedlich interpretiert werden. Es gibt Verlierer und Gewinner, je nachdem, welche Sichtachse man anlegt. So hat die Einführung des gesetzlichen Mindestlohns von derzeit 8,50 Euro je Stunde beispielsweise die Zahl der Praktikumsplätze in Deutschland um mehr als die Hälfte verringert. Vor der Einführung des Mindestlohns im Januar 2015 bestätigten rund 70 Prozent der Unternehmen, sie böten freiwillige Praktikumsplätze an, danach waren es nur noch rund 34 Prozent. Leidtragende sind vor allem junge Menschen, die deutlich weniger »Schnupperpraktika« zur ersten Berufsorientierung angeboten bekämen. Nicht gut. Andererseits profitieren schwerbehinderte Menschen vom Mindestlohn, weil er ihnen größere Chancen auf dem Arbeitsmarkt eröffnet. Sogenannte Integrationsfirmen, in denen mindestens 25 Prozent der Belegschaft Menschen mit Behinderung sind, zahlen nämlich Mindestlohn und damit mehr als bisher in Werkstätten und anderen Behinderteneinrichtungen. Die Zahl der Integrationsfirmen solle sich in den nächsten Jahren verdoppeln. Ein entsprechender Antrag im Bundestag wird 2016 noch verabschiedet. Gut.

Wir schalten wieder einen Gang höher

Um die beiden Sichtachsen Verteilungs- und Leistungsgerechtigkeit besser zu verstehen, müssen wir ihre Herkunft näher beleuchten. In den jeweiligen Semantikcontainern liegen Begriffe, Thesen und Argumente bereit, mit denen sich die Selbstgerechten beider Welten munitionieren, wenn sie in die Arena politischer Auseinandersetzungen steigen.

Im Mittelpunkt der Leistungsgerechtigkeit steht der Einzelne, der über Leistung den Grad seiner persönlichen Freiheit bestimmt. Autonom ist, wer etwas leistet. Unfrei ist, wer nichts leisten darf und kann (Paradigma einer liberalistischen Gerechtigkeit). Es geht um die Verteidigung einer liberalen Ökonomie. Die soziale Steuerung erfolgt über den Markt. Im Mittelpunkt der Verteilungsgerechtigkeit steht der Sozialstaat, der soziale Gleichheit für alle herstellen und soziale Ungleichheit kompensieren will (Paradigma einer egalitaristischen Gerechtigkeit). Es geht um die Herstellung einer umfassenden sozialen Gerechtigkeit durch die Legitimierung gesellschaftlicher Institutionen. Die soziale Steuerung erfolgt über Hierarchie.

Anders gesagt: Es entsteht eine diskursive Kampfzone zwischen staatlicher Lenkung und Kontrolle sowie ungezügeltem Markt und Nichteinmischung. Damit wird eine differenzierte Begründungsarchitektur vitalisiert, aus der man sich je nach narrativen Erfordernissen bedienen kann. Einerseits soll der Staat führen und lenken, andererseits will der Einzelne nicht geführt werden, sondern sich selbst führen. Es kommt zu einem Dilemma aus Führen und Geführt-Werden, aus Fremd- und Selbstherrschaft. Dahinter leuchtet das Demokratieparadoxon. Der Bürger soll selbst herrschen, gleichzeitig auch beherrscht werden.

Was wiederum nur funktionieren kann, wenn alle Bürger über gleiche Ressourcen verfügen und nicht über andere herrschen können. Um dies zu erreichen, müssen die Mittel so verteilt werden (entweder bei Eintritt in die oder während des ganzen Lebens in einer Gesellschaft), dass sich niemand benachteiligt fühlt. Ein amerikanischer Großphilosoph meldet sich aus dem Jenseits:»Nehmen wir zum Beispiel an, dass ein einigermaßen wohlhabender Mann mehrere Kinder hat, von denen eines blind ist, ein anderes ein Playboy mit kostspieligen Vorhaben, ein drittes ein angehender Politiker mit teuren Ambitionen, ein weiteres ein Dichter mit bescheidenen Bedürfnissen, ein fünftes ein Bildhauer, der mit teuren Materialien arbeitet, und so weiter. Wie soll er sein Testament gestalten?« Wenn es ihm nur um das Wohlergehen seiner Kinder geht, würde er es sehr unterschiedlich verteilen, womöglich dem Schwächsten am meisten geben. Wenn er hingegen Ressourcengleichheit erreichen will, müsste er sein Vermögen zu gleichen Teilen aufteilen, vorausgesetzt, die Kinder sind in etwa gleich wohlhabend. Der individuelle Lebensentwurf mit seiner je spezifischen Glücks-, Wohlergehens- und Erfolgsarchitektur rückt jetzt ins Zentrum egalitaristischer Rechtfertigungsbemühungen. Da Menschen aber diesbezüglich ganz unterschiedliche Präferenzen haben, wird das Geschäft des Umverteilens unübersichtlicher und schwieriger. Anders gesagt: Die Ungleichheit individueller Ansprüche, Ziele und Erwartungen stiftet in der liberalen Gleichheitssemantik Verwirrung. Um im Beispiel zu bleiben: Würde der Vater zu dem Ergebnis kommen, dass er dem behinderten Kind zum Ausgleich mehr vom Erbe zukommen lässt, würde er gleichzeitig dem Kind mit den teuren Ansprüchen Ressourcen vorenthalten, um dessen kostenintensiveres Leben besser zu finanzieren. Es gibt »keine Symmetrie zwischen der Ressourcenungleichheit, die Beeinträchtigungen ausgleichen soll, und der Ressourcenungleichheit, die zur Finanzierung eines teuren Lebensstils erforderlich ist«. Das Problem ist sogar: Wer Wohlergehensgleichheit will, erntet Ressourcenungleichheit. Und umgekehrt: Wer Ressourcengleichheit will, wird Wohlergehensungleichheit in Kauf nehmen müssen. Kurzum: Würde das behinderte Kind mehr Vermögen bekommen, würde das erfolgsambitionierte Kind dadurch ungleich behandelt. Würden beide gleich viel Vermögen erhalten, würde das behinderte Kind eingeschränkt sein, sein Wohlergehen zu erhöhen.

Kein Wunder, dass der Egalitarismus stark unter Beschuss gerät. Graue Theorie, sagen die Kritiker. Besser konkret die Welt verändern. Auftritt eines Nonegalitaristen:»Es kommt darauf an, ob Menschen ein gutes Leben führen, und nicht, wie deren Leben relativ zu dem Leben anderer steht.« Nicht die Gleichheit ist das Ziel, sondern menschenwürdige Lebensbedingungen für alle. Im Zentrum steht für die Nonegalitaristen deshalb der Leitbegriff der Menschenwürde. Dieses Konzept einer menschenwürdigen Gleichheit zielt auf eine »anständige Gesellschaft«, welche die Beseitigung jeder Form von Ungleichheit zum Ziel hat, die zu individueller Demütigung führt. Gemeint sind damit alle Handlungen und Kommunikationen, welche soziale Unterordnung bis hin zu sozialem Ausschluss von Nicht-Gleichen nach sich ziehen. Demütigende Ungleichheit ist per se nicht zu tolerieren.»Das Übel ist die Armut sowie das Leiden und die Erniedrigung, die mit ihr einhergehen, nicht die Ungleichheit.«

Spielball Armut

Zurück im richtigen Leben kommt es zu einem beiderseitigen Aufbrausen gegen Demütigung und Ausgrenzung durch Armut. Wir erleben wieder jene moralisch begründete Selbstvergewisserung und Zentrierung, die keinen Brückenschlag zulässt. Auftritt einer ehemaligen Stadtsenatorin, jetzt Sprecherin einer Landesarmutskonferenz:»Es gibt immer mehr Familien, in denen Armut vererbt wird. Die Kinder wachsen in Lebensumstände hinein, die von Frust geprägt sind. Ihnen fehlen die elterlichen Vorbilder, sie entwickeln eine Lebenshaltung, dass sowieso alles keinen Sinn macht. Wenn sie dann eine Lehrstelle suchen und zweimal abgelehnt werden, fangen sie sich nicht mehr.«

Ein wirtschaftsliberaler Leitartikler kontert:»Armut kann, erstens, sinnvollerweise nur relativ gemessen werden. Arm ist, wer nicht mehr normal am Leben der Gesellschaft teilhaben kann, und das bedeutet in München etwas anderes als in einer afrikanischen Stadt. Mit einem deutschen Hartz-IV-Satz gehört man in Eritrea zum Mittelstand, vom Monatseinkommen eines Armen aus Eritrea lebt man in München nicht einmal einen Tag lang.« Ein Wirtschaftsprofessor unterstützt unterschwellig: »Einer vierköpfigen Familie stehen rund 2000 Euro netto im Monat an staatlichen Transferzahlungen zur Verfügung.«

Kinder, so sagen Sozialforscher, sind am stärksten von Armut bedroht. Ihre Armutsquote liegt mit 19 Prozent deutlich über dem Durchschnitt der Bevölkerung. »Das hat vorwiegend mit gesellschaftlichen Veränderungen und dem Wandel der Familienstrukturen zu tun: Die Zahl der Alleinerziehenden hat in den vergangenen Jahrzehnten zugenommen. In dieser Gruppe ist das Armutsrisiko aber besonders ausgeprägt. Die Hälfte der armen Kinder lebt heute im Haushalt eines alleinerziehenden Elternteils.«

Ein Wirtschaftsjournalist relativiert in die andere Richtung: »Ein Einkommen, das in München nicht zum Leben reicht, kann aber in Mecklenburg-Vorpommern eine auskömmliche Existenz sichern.« Er verlangt mehr politisches Engagement: »Mehr Tempo ist gefragt beim Ausbau der Kinderbetreuung, damit Alleinerziehende nicht länger nur schlecht bezahlte Teilzeitjobs annehmen können.« Und der bereits zitierte Wirtschaftsprofessor ergänzt: »Die Armutsrisiken von Alleinerziehenden … können nachhaltig nur verringert werden durch moderne und leistungsfähige Infrastrukturen, die familiale Defizite kompensieren, angefangen bei einer bedarfsgerechten Kinderbetreuung über gut ausgestattete Schulen und Hochschulen bis hin zu den Ausbildungs- und Weiterbildungseinrichtungen.« Also doch wieder für mehr Ressourcengleichheit sorgen? Nein, ruft eine Hartz-IV-Biografin zurück: »Arm sein bedeutet, dass man immer damit beschäftigt ist, seine Existenz zu sichern, Risiken vorauszukalkulieren und jede kleine Entscheidung viel Kraft kostet und ernste Konsequenzen hat, während andere einfach ausprobieren und sich Fehler leisten können.« Menschenwürde sei der eigentliche Schlüssel, den Freiraum zur Korrektur biografischer

Fehlentscheidungen wahrnehmen und wieder, falls nötig, neu oder an einem anderen Punkt anfangen zu können.

Zur Ressourcengleichheit gleichermaßen wie zur Menschenwürde gehöre deshalb auch das Konzept eines Grundeinkommens für alle. Ein Großunternehmer brachte es früh auf den Punkt: Ein Grundeinkommen ist »die Basis für ein selbstbestimmtes Leben in Freiheit, das wiederum Kreativität und Leistungsfähigkeit ermöglicht«. Das Grundeinkommen sei mehr als Geld für alle: ein Startkapital, um sein Leben selbst in die Hand nehmen zu können. Wer heute Akteure in Wirtschaft und Politik danach befragt, erlebt ein gerechtigkeitspraktisches Tohuwabohu im Brennglas.

Betrachten wir in diesem Zusammenhang nur einige Helden stellvertretend für ihre jeweilige Gerechtigkeitskaste:

Auftritt eines Ex-Sozialministers: »Das bedingungslose Grundeinkommen ist ungerecht und Geldverschwendung: Warum soll ein Millionär ein bedingungsloses Grundeinkommen erhalten, dessen er gar nicht bedarf – und das zudem von denen mitbezahlt wird, die nicht so wohlhabend sind?«

Von der Seite grätscht eine quietschfidele Parteivorsitzende: »Kurzum, es geht darum, dass jede und jeder sich aufrechten Ganges in die politische Gestaltung der Gesellschaft einbringen kann. Insofern wäre das Grundeinkommen eine Demokratiepauschale.«

Halt, ruft ein Europaabgeordneter einer konkurrierenden Fortschrittspartei: »Die Mehrkosten des Grundeinkommens gegenüber einer guten Grundsicherung sind genau die Mittel, die wir für Gemeinschaftsgüter für alle brauchen: Investitionen in gute Kinderbetreuung, Schule, Hochschule, Sozialarbeit und öffentliche Verkehrsinfrastruktur sind das Gebot der Stunde.«

Und in trauter Eintracht hebt ein Wirtschaftsforscher an: »Den Deutschen ist ein selbstbestimmtes Leben von höchstem Wert, die Erwerbsarbeit ist dafür von herausragender Bedeutung. 70 Prozent sagen: Wer mehr leistet, der soll auch mehr verdienen. Dagegen steht die Idee eines bedingungs- oder treffender leistungslosen Grundeinkommens.

Leistungslos bedeutet zugleich verantwortungslos, denn der Einzelne ist unabhängig von jeder Voraussetzung anspruchsberechtigt.«

Und ein Leitartikler spannt den Bogen zur nächsten Gerechtigkeitsfalle, in die wir gleich tappen werden:»Die deutschen Politiker, die gewählt sind, den Staat von heute und morgen zu organisieren, sollten sich auf die sehr dringende und seit Jahren verschleppte Aufgabe konzentrieren, das geltende Steuerrecht gerechter, transparenter und effektiver zu machen. Dringend muss es eine große Steuerreform geben, die die Gewichte neu verteilt und die Mittelschicht entlastet. Das bedingungslose Grundeinkommen wird nach der Schweizer Abstimmung jetzt hoffentlich wieder dort landen, wohin es bis auf Weiteres auch gehört: in die Denkerstuben der Republik.«

Jetzt volle Fahrt

Stichwort: Steuergerechtigkeit. Zunächst müssen wir kurz klären, nach welchen Richtlinien ein gerechtes Steuersystem überhaupt aufgebaut ist. Diesbezüglich gibt es in der Volkswirtschaftslehre zwei Steuerprinzipien: das Nutzenprinzip und das Leistungsfähigkeitsprinzip.

Nutzenprinzip: Der Einzelne wird nach der Höhe des Nutzens besteuert, den er aus öffentlichen Gütern zieht (zum Beispiel die Mautgebühr für das Überfahren einer Brücke).

Leistungsfähigkeitsprinzip: Der Einzelne wird nach der Höhe des Einkommens und Vermögens besteuert, womit eine Umverteilung höherer auf ärmere Einkommensschichten erreicht wird.

Die steuerliche Leistungsfähigkeit ist mit der Fähigkeit gekoppelt, Steuern bezahlen zu können. Ein Steuerrechtswissenschaftler konkretisiert:»Das Leistungsfähigkeitsprinzip ist nur die verkürzte Bezeichnung für das Prinzip gleichmäßiger Besteuerung nach der Leistungsfähigkeit.« Das Leistungsfähigkeitsprinzip wird in Deutschland durch die Progression abgebildet, durch die mit steigendem Einkommen auch die Steuerlast wächst. Der Gesetzgeber ist allerdings angehalten,

Steuern nach der Maxime zu erheben, jedem »einen bestimmten, nicht übermäßigen Teil seines Einkommens« zu nehmen, »und zwar entsprechend der Höhe seines disponiblen Einkommens«.

Auftritt eines empirischen Gerechtigkeitsforschers, der sich mit dieser Höhe ausführlich beschäftigt hat und zwei Ergebnisse präsentiert. Erstens: »Wer zur Spitzenverdienergruppe gehört, beurteilt seine Steuerlast im Mittel deutlich weniger ungerecht als Bezieher niedrigerer Einkommen. In der untersten Einkommensgruppe und erst recht in den obersten Gruppen wird die eigene Steuerlast tendenziell als gerecht angesehen.« Zweitens: »Ungelernte Arbeiter zahlen aus Sicht der Mehrheit zu viel, Manager zu wenig Steuern.« Das heißt: Die Ärmsten und Reichsten stimmen der Progression zu. Die Mehrheit sieht das anders.

Womit wir wieder – identisch wie bei dem Thema Lohngerechtigkeit – zwei konfliktäre, unvereinbare Positionen vorfinden. Nehmen wir eine ganz zentrale Argumentation näher unter die Lupe. Es geht um das Für und Wider der progressiven Einkommensteuer:

Verteilungsgerechtigkeit: Eine progressive Einkommensteuer ist gerecht, weil sie mit steigendem Einkommen höher ausfällt. Damit findet eine geordnete Umverteilung von oben nach unten statt, die soziale Ungleichheit zu kompensieren versucht.

Leistungsgerechtigkeit: Eine progressive Einkommensteuer ist ungerecht, weil sie mehr Leistung mit mehr Abgaben belegt und mehr Einkommen und Kaufkraft bestraft. Damit findet eine verordnete Umverteilung von oben nach unten statt, die Leistung sozial ungleich zu bewerten versucht.

Egal, wie man es nun dreht, keiner verlässt sein Schneckenhaus. Und anschlusskommunikativ wird jede Position argumentativ bis an die Zähne bewaffnet verteidigt, wie wir am Beispiel der Vermögensteuer und dahinterliegend der Vermögensungleichheit in Deutschland gleich sehen werden.

Auftritt eines Sozialforschers: »Die Gründe für die drastische Zunahme der Vermögensungleichheit liegen jenseits der vielzitierten Leistungsgerechtigkeit. Seit den 90er Jahren sind Kapitaleinkünfte und Unternehmensgewinne deutlich gestiegen, während im Verhältnis dazu die Arbeitseinkommen stark schrumpften. Dadurch wurden Besitzer von Sach- und Finanzvermögen, von Immobilien und Unternehmensbeteiligungen gegenüber denen ökonomisch bevorteilt, die für ihren Vermögensaufbau auf Arbeitseinkommen angewiesen sind.« Hinzu komme, dass zwischen 2000 und 2010 zwei Billionen Euro, immerhin 27 Prozent des Gesamtvermögens in Deutschland, vererbt wurden, aber fast die Hälfte der Bevölkerung davon nicht profitieren konnte.

Die Folge: Immer weniger Menschen verfügen über einen Wohlstand, den sie nicht versteuern müssen und den sie vor allem nicht durch Leistung, Wettbewerb und Markterfolge erzielt haben. Ein Wirtschaftsjournalist erläutert:»Das heutige Abgabensystem verfehlt seine selbst gesteckten Ziele, es fordert die Bürger zu wenig nach ihrer Leistungsfähigkeit ... es belastet vielmehr systematisch Einkommen aus Arbeit, während es die Bildung von Vermögen, das sich aus sich selbst vermehrt, privilegiert.« Im Klartext: Jemand, der vermögend ist, aber kein Einkommen hat, muss auch keine Steuern bezahlen, obwohl er leistungsfähig ist. Weshalb ein Wirtschaftspublizist fordert:»Man kann Bar- und Firmenvermögen, Erbschaften und Immobilienbesitz deutlich höher besteuern als in Deutschland, ohne dass deshalb die Wirtschaft zugrunde geht, die Reichen auswandern oder der Kommunismus Einzug hält.«

Da kontert ein Leitartikler:»Im internationalen Vergleich ist die Belastung der Deutschen mit direkten Steuern und Abgaben nicht gerade gering ... Die Organisation für wirtschaftliche Zusammenarbeit OECD kritisiert seit Langem die hohe Steuern- und Abgabenbelastung in Deutschland.« Und außerdem relativiert ein Wirtschaftsforscher:»Die Vermögensungleichheit in Deutschland ist dagegen seit der Jahrtausendwende ungefähr konstant.« Ein Kollege unterstützt ihn:»Die Debatte wäre vor einem Jahrzehnt berechtigt gewesen. 2005, als die Agenda-Reformen umgesetzt wurden, blickten wir zurück auf eine Phase, in der der Niedriglohnsektor wuchs, die Mittelschicht schwächer und die Einkommen ungleicher wurden. Seitdem aber sind all diese Indikato-

ren stabil – und wir haben eine enorme Zunahme an Beschäftigung.«
Eine Umfrage unter Wirtschaftsprofessoren zeigt hinsichtlich der Vermögensungleichheit keine Eindeutigkeit. Eine große deutsche Tageszei-
tung fasst zusammen:»71 Prozent der Professoren sagten, diese habe
zugenommen; 12 Prozent verneinten dies. Fast die Hälfte bezeichnete
die Vermögensungleichheit in Deutschland als hoch, 14 Prozent als sehr
hoch. Im Vergleich zur Lage in anderen Ländern des Euroraums sehen
die Ökonomen die hiesige Vermögensungleichheit als eher hoch an,
im Vergleich zu Großbritannien und den Vereinigten Staaten sei sie
jedoch eher niedrig.« Was aber auch mit anderen Faktoren zusam-
menhinge, wie etwa dem Immobilienbesitz, sagt ein Wirtschaftsforscher:»In Ländern, in denen viele Menschen Immobilien besitzen, ist
die messbare Ungleichheit weniger hoch – und umgekehrt. In Deutschland liegt die Quote mit unter 50 Prozent international sehr niedrig,
das Vermögen ist entsprechend geringer.«

Im Grunde genommen gibt es drei Tasten, auf die wir argumentativ
drücken können, um in den Diskurs um Steuergerechtigkeit einzustei-
gen. Je nachdem, wo wir drücken, wird eine andere Melodie gespielt:
Taste 1, der Staat sei grundsätzlich ein legaler Räuber und Wegelagerer.
Auftritt eines Großphilosophen, der Steuern als maßlosen Ausdruck
einer staatlichen Okkupationslogik betrachtet,»bei allen Vorgängen unseres ökonomischen und vitalen Stoffwechsels … mit im Spiel zu sein,
das heißt hier: eine Prämie auf alles zu nehmen«.

Taste 2, der Staat betrachte Steuern als gerechten Preis für ein Leben
seiner Bürger in geordneten Verhältnissen. Auftritt eines Wirtschafts-
philosophen, der Gesellschaft als kooperatives Netzwerk betrachtet,
das sowohl ökonomisch als auch ethisch legitimiert werden muss. In
dem aber, so seine Denkfigur, die Hochtalentierten mehr profitieren
als die Schwächergestellten. Weswegen sie auch mehr Einkommensteuer (Progression) als Benutzungsgebühr bezahlen sollen.»In dem
Gedanken der Benutzungsgebühr ist die Überlegung enthalten, dass
der karrierepolitisch erfolgreiche Einsatz der natürlichen Fähigkeiten,
Talente und Begabungen ebenso wie die positive Verzinsung günstiger

sozialer Startbedingungen abhängig von einem gut funktionierenden, hinreichend ausdifferenzierten und politisch stabilen, durch allgemeine Anerkennung getragenen sozioökonomischen Kooperationssystem ist.« Und Taste 3 bedeutet, der Staat müsse Maß halten und das Prinzip der Freiheit des Einzelnen achten. Hier treffen wir zum Abschluss einen Großsteuerwissenschaftler mit seinem Credo: »Eine Steuer ist freiheitsgerecht ausgestaltet, wenn sie den Pflichtigen möglichst gering belastet, ihm also den wesentlichen Teil seines Einkommens, seiner Kaufkraft und seiner Erbschaft zum eigenen Nutzen belässt. Die Steuer hat auch die Freiheit des Einkommensbeziehers und Konsumenten zu achten, über sein Einkommen und seine Kaufkraft möglichst unbeeinflusst zu verfügen.«

Auf der Zielgeraden

Das Thema »gerechte Löhne und Steuern in Deutschland« steckt fest in den verschleimten Erörterungs- und Begründungskorridoren mit ihren unversöhnlichen Kombattanten. Jeder dieser Akteure erfüllt seine Argumentationspflichten. Wichtig ist dabei längst nicht mehr die Qualität des Diskurses oder die Möglichkeit von Versöhnung und Interfusion der Positionen, sondern das Besetzen und Behaupten der Rollen im Drehbuch. Ob Wirtschaftsforscher oder Sozialpolitiker, ob Philosoph oder Lobbyist, jeder wird zur gegebenen Zeit aufgerufen, seine Rolle im Hinblick auf die Gesamtinszenierung zu spielen. Überraschen kann dabei keiner mehr. Jedes Argument ist längst schon eingeordnet in die Kaskade jeweiliger Gerechtigkeitsverteidigungen. Die Plädoyers sind längst geschrieben. Und damit auch die Urteile und ihre eindeutigen Begründungsarchitekturen.

Verzweifeln muss die moderne Gesellschaft daran nicht. Denn ihre Perspektivendifferenz ist der Schlüssel für situationsbezogene Kompetenz. Je nachdem, welche Perspektive man einnimmt (und es gibt gute Gründe, jede einzunehmen), würde auch eine gerechte Lösung herauskommen. Ein bekannter Nobelpreisträger hat über Gerechtigkeit folgende Worte geschrieben:»Für sämtliche unterschiedliche Lösungen sprechen gewichtige Argumente, und wir können möglicherweise keines der alternativen Argumente ohne eine gewisse Willkür über die anderen stellen.« Eine Gesellschaft ist ständig auf der Suche nach Selbstvergewisserung und eigenlogischer Begründung. Dafür benötigt sie Begriffe, Metaphern und Bilder, die im jeweiligen Korridor *jenen* sozialen Sinn entfalten können, mit dem die Mitglieder ihre besondere Zugehörigkeit legitimieren können. Es kommt zu unterschiedlichen Publikumszugehörigkeiten, je nach Perspektive. Die Gesellschaft als Ganzes wird jedoch»undarstellbar«. Auch das können wir aushalten. So stimmen wir zu guter Letzt der Erkenntnis eines Großphilosophen aus dem Jenseits zu:»Was sich überhaupt sagen lässt, lässt sich klar sagen; und wovon man nicht reden kann, darüber muss man schweigen.« Das gilt auch für die Frage der Verteilung.

Der leicht überarbeitete Text erschien in der Originalfassung in Peter Felixberger, Armin Nassehi: *Deutschland. Ein Drehbuch.* Hamburg 2016.

Ludger Heidbrink, Alexander Lorch
Post-Truth-Management
Die postfaktische Verantwortungslosigkeit in Unternehmen

Als im September 2015 die Manipulation der Schadstoffsoftware für Diesel-Pkw bei VW publik wurde, trat Martin Winterkorn, der damalige Vorstandsvorsitzende, vor die Kameras und sagte: »Als Vorstandsvorsitzender übernehme ich die Verantwortung für die bekannt gewordenen Unregelmäßigkeiten bei Dieselmotoren und habe daher den Aufsichtsrat gebeten, mit mir eine Vereinbarung zur Beendigung meiner Funktion als Vorstandsvorsitzender des Volkswagen-Konzerns zu treffen. Ich tue dies im Interesse des Unternehmens, obwohl ich mir keines Fehlverhaltens bewusst bin.«[1] Auch wenn die Ermittlungen noch laufen, dürfte zumindest eine Duldung der Abgasmanipulation durch Winterkorn wahrscheinlich sein.[2] Umso bemerkenswerter ist es, dass der CEO von VW zwar die »Verantwortung« für den Dieselskandal übernimmt, gleichzeitig aber jegliches »Fehlverhalten« von sich weist.

Alle reden von Verantwortung, aber keiner ist verantwortlich

Die Beschäftigung mit Verantwortung ist in der Wirtschaft inzwischen ein weitverbreitetes Phänomen. Immer mehr Firmen besitzen Abteilungen für Corporate Social Responsibility (CSR), schicken ihre Manager zu Kursen über Responsible Leadership und propagieren auf ihren Webseiten unternehmerisches Wohlverhalten in Gestalt von Corporate-Governance-Kodizes. Die Headlines der Nachhaltigkeitsreports und PR-Claims deutscher Konzerne in den letzten Jahren reichen von

»Verantwortung kennt keine Grenzen« (VW 2013) über »Wir leben Verantwortung« (Telekom 2014) bis zu »Wir sind verantwortlich« (MAN 2014).

Das offizielle Bekenntnis zur Verantwortung wird jedoch konterkariert durch zahlreiche Unternehmensskandale und Fehltritte von Führungskräften. Die Deutsche Bank musste für die Manipulation des Libor-Zinssatzes allein in den USA 2,5 Milliarden Dollar zahlen und jüngst in einem gerichtlichen Vergleich insgesamt 7,2 Milliarden Dollar Zivilbuße und Entschädigungsrücklagen für den Verkauf hypothekengedeckter Wertpapiere zwischen 2005 und 2007 bereitstellen.[3] Die 2006 bekannt gewordene Korruptionsaffäre hat Siemens bis heute rund 2,5 Milliarden Euro gekostet, die nur zu einem geringen Teil durch Rückforderungen an die Vorstände und Aufsichtsräte ausgeglichen werden konnten. Komplizierte Rechtslagen und Vergütungssysteme machen es schwierig, angemessene Entschädigungen von verantwortlichen Managern und Führungskräften einzufordern.[4]

Natürlich handelt es sich bei diesen Skandalen um Einzelfälle, die aber angesichts des anhaltenden Reputationsverlustes, den Manager und Unternehmen in der öffentlichen Wahrnehmung erleiden, umso schwerer wiegen. Ähnlich wie die Politik steckt die Wirtschaft in einer tiefen Vertrauenskrise, die bei genauerer Betrachtung eine Verantwortungskrise ist: Alle reden von Verantwortung, aber keiner ist verantwortlich, wenn es darauf ankommt. Zwischen der ausufernden CSR-Rhetorik, der Rede von Sustainable Management und Shared Value und der kruden Realität des Unternehmensalltags herrscht eine frappierende Diskrepanz. Das Problem dieser Diskrepanz besteht weniger darin, dass Unternehmen durch ihr unmoralisches Verhalten ökonomische Werte vernichten und Wettbewerbsvorteile einbüßen, als vielmehr in dem Umstand, dass sie auf diese Weise ihre Glaubwürdigkeit und damit ihre Zurechnungsfähigkeit verlieren. Je höher die moralischen Ansprüche sind, desto tiefer ist der Sturz in die Verantwortungslosigkeit.

Postfaktischer Abschied von der Verantwortung

Von Kant stammt der Satz, dass die Person dasjenige Subjekt ist, »dessen Handlungen einer Zurechnung fähig sind«.[5] Wollen Firmen und Konzerne als Unternehmensbürger, als *corporate citizen* wahrgenommen werden, sind sie gut damit beraten, ihre Rolle als moralische Akteure ernst zu nehmen. In den letzten Jahren ist auf paradoxe Weise das Gegenteil geschehen. Die »Moralisierung der Märkte« (Nico Stehr) hat dafür gesorgt, dass Unternehmen die Ethik nicht nur als Marketingvorteil entdeckt haben, sondern als umfassendes Organisationsprinzip. Das postheroische Management, in dem flache Hierarchien, Teamarbeit und eine wertorientierte Führung im Vordergrund stehen, hat das stählerne Gehäuse des Manchesterkapitalismus gesprengt und eine moralische Unternehmenskultur globalisiert, die das Prinzip der Verantwortung zum Leitprinzip der gesamten Unternehmenspraxis ausgeweitet hat. Die Expansion des Verantwortungsprinzips spiegelt sich wider in den UN Principles on Business and Human Rights, die Unternehmen zur globalen Einhaltung von Menschenrechten verpflichten, in den Environmental-Social-Governance-Richtlinien (ESG), die Investoren und Finanzdienstleistern Kriterien für die Bewertung der sozial und ökologisch verantwortlichen Unternehmensperformance an die Hand geben, und neuerdings in den Sustainable Development Goals (SDG), in denen langfristige Ziele der nachhaltigen Unternehmensführung vorgegeben sind. Nicht nur die großen Konzerne, sondern auch mittelständische Unternehmen sind heute umstellt von einer Armada an CSR-Berichterstattungspflichten (2014/9/EU), Guidelines für gesellschaftlich verantwortliche Organisationen (ISO 26000) oder Standards für Global Reporting (GRI).

Wie in der Politik, die an postdemokratischer Skepsis leidet, konnte diese Expansion des Verantwortungsprinzips auch in der Wirtschaft nicht gut gehen. Je mehr von Unternehmensverantwortung und verantwortlicher Führung die Rede ist, umso deutlicher wird die Kluft zwischen Anspruch und Wirklichkeit sichtbar. Das Prinzip der Verantwortung hat sich in einen *umbrella term* verwandelt, der vieles verspricht, aber von den wenigsten ernst genommen wird. Im Gegenteil, unter dem Schutzschirm der Verantwortung betreiben viele Firmen ein geschicktes *greenwashing*, indem sie nach außen als sozial und ökologisch korrektes Unternehmen auftreten, während sie an konventionellen Produktionsmethoden festhalten und die Kontrolle ihrer Lieferketten vernachlässigen. Manager nehmen an Veranstaltungen zur werteorientierten Führung teil, während sie Boni in Millionenhöhe für zweifelhafte Leistungen kassieren. Ähnlich wie sich in der Politik eine postdemokratische Erosion der etablierten Parteien vollzogen hat, denen die Bürger keinen Glauben mehr schenken, weil ihnen mehr versprochen wurde als gehalten werden konnte, breitet sich in der Wirtschaft ein postfaktischer Abschied von der Verantwortung aus, die weder vom Management noch von den Unternehmen für bare Münze genommen wird und hauptsächlich für öffentliche Verlautbarungen, Nachhaltigkeitsreports und Ratingagenturen wichtig ist.

Post-Truth Management: Lügen zweiter Ordnung

Die Ausbreitung einer postfaktischen Verantwortungslosigkeit, bei der die Verantwortung nicht mehr tatsächlich übernommen wird, sondern als CSR-Richtlinie und Corporate-Governance-Ziel vorgegeben oder als PR-Statement kundgegeben wird, ist das Resultat unterschiedlicher Entwicklungen. Es wäre zu kurz gegriffen, hierin hauptsächlich das Ergebnis marktkapitalistischer Täuschungsmanöver und Bluffs zu sehen, um Wettbewerbsvorteile zu erlangen.[6] Genauso wenig handelt es sich um gezielten Betrug, um die wahren Verhältnisse zu verschleiern. Die Als-ob-Verantwortung von Unternehmen geht vielmehr aus einer veränderten postheroischen Unternehmenskultur hervor, bei der das Management »sein Heldentum nicht mehr in der Verfügung über Kapitalvermögen und einer Inszenierung entsprechender Risikobereitschaften und Verantwortung sucht, sondern einen neuartigen Spürsinn für die sachlichen und sozialen Dimensionen der Organisation von Arbeit und der Verteilung von Verantwortlichkeit entwickelt«.[7] Das postheroische Unternehmen ist durch eine Art *post-truth management* gekennzeichnet, das nicht auf Objektivität, Rationalität und Kennziffern, sondern auf persönlichem Engagement, Netzwerken und der gemeinsamen Bewältigung von Unsicherheiten beruht. Es geht dabei nicht vorrangig um Wahrheit, sondern um Erfolg. In der aktuellen Sprache der Unternehmensethik ist Verantwortung die Investition »in die Bedingungen der gesellschaftlichen Zusammenarbeit zum gegenseitigen Vorteil«.[8]

Das ethische Management nimmt es mit der Wahrheit nur so lange genau, wie sie sich auszahlt. Wichtig für Unternehmen ist es, den Anschein zu erwecken, soziale Standards einzuhalten und nachhaltig zu agieren. Manager müssen die Werte, die sie propagieren, nicht glauben, sondern organisieren. Die vordringliche Aufgabe besteht darin, die Stakeholder – von den Investoren über die Zulieferer und Kunden bis zu den Ministerien und NGOs – davon zu überzeugen, dass die Firma ein *moral player* ist und es sich bei ihr um einen integren Kooperationspartner handelt, dem man langfristig vertrauen kann, auch wenn es keine faktischen Gründe dafür gibt.

Man kann nicht sagen, dass die Vertreter des *post-truth management* gezielt lügen und die Öffentlichkeit mit Absicht hinter das Licht führen wollen. Die Raffinesse des postfaktischen Managements besteht darin, dass es für wahr hält, was es organisiert. Legt man die Definition des Oxford Dictionary des Wortes des Jahres 2016 zugrunde, wonach »post-truth [is] relating to or denoting circumstances in which objective facts are less influential in shaping public opinion than appeals to emotion and personal belief«,[9] produziert das *post-truth management* Lügen zweiter Ordnung – ethische Fiktionen, die zum Erfolg von Unternehmen beitragen, weil sie für sozial erwünschte Einstellungen und Praktiken sorgen.

Lügen zweiter Ordnung sind Behauptungen und Verhaltensweisen, die gleichzeitig richtig und falsch sind. Während die Rede vom gesellschaftlich verantwortlichen Unternehmen angesichts anhaltender Skandale und Verstöße gegen Standards auf der ersten Ebene eine klare Lüge bildet, stellt sie auf der zweiten Ebene ein notwendiges Regulativ des Marktkapitalismus dar. Firmen und Konzerne haben langfristig nur eine Überlebenschance am Markt, wenn sie sich an Spielregeln der guten Unternehmensführung halten. Da es sich um Spielregeln handelt, reicht es im Grunde aus, so zu tun, *als ob* man die Regeln ernst nimmt. Dies führt dazu, dass Unternehmen und ihr Management auf der ersten Ebene immer wieder gegen das Prinzip der Verantwortung verstoßen und sich unmoralisch verhalten, wenn daraus kurzfristige Vorteile resultieren oder es als normale Abweichung toleriert wird.

Auf der Suche nach Erklärungen

Vor diesem Hintergrund stellt sich die Frage, wie es dazu kommen kann, dass Führungskräfte in ihrer Funktion als Lenker und Repräsentanten ihrer Unternehmen auf eine Art und Weise handeln, die als »strukturierte Verantwortungslosigkeit«[10] erscheint und die in der Öffentlichkeit Zweifel an ihrer Vertrauenswürdigkeit sowie ganz grundsätzlich an der Gemeinwohltauglichkeit der Wirtschaft aufkommen lässt.

Eine mögliche Form der Erklärung, die stets schnell bei der Hand ist, enthält Vorwürfe an die Integrität der Führungskräfte. Manager oder Banker seien gierig, man spricht von Lug und Betrug, Niedertracht und Egoismus. Der Einzelne wolle sich auf Kosten anderer bereichern, Fehler vertuschen oder denke nur an seine eigene Karriere. Vor allem im Verlauf der Finanzkrise, aber auch bei anderen Unternehmensskandalen war diese Art der Erklärung immer Teil der Diskussionen. Und es ist sicherlich auch nicht von der Hand zu weisen, dass es immer wieder derlei Vorfälle gibt: Ein Einzelner handelt aus Böswilligkeit, will sich auf Kosten anderer bereichern und sieht dabei nur seinen eigenen Vorteil, ohne sich daran zu stören, den Anlegern und

Mitarbeitern, der Umwelt oder anderen Betroffenen erhebliche Schäden zuzufügen. Oder man will seine Karriere nicht gefährden und übernimmt darum nur so weit Verantwortung, wie es dem eigenen Vorankommen nicht hinderlich ist.

Doch angesichts der Vielzahl an Herausforderungen und Problemen, vor denen die Marktwirtschaft steht, und der aktuellen Debatten um Unternehmensverantwortung, Compliance oder Corporate Governance muss das Problem systematischer betrachtet werden: So scheinen doch Fälle von vorsätzlicher Boshaftigkeit nur vereinzelte Vorkommnisse zu sein und das Gros der Skandale nicht erklären zu können. Denn dann wäre auch die Beurteilung solcher Fälle wesentlich leichter: Wo ein Einzelner, etwa im Fall von Finanzspekulanten wie Jérôme Kerviel oder Bernard Madoff, täuscht und betrügt, hat auch der Einzelne Schuld und ist zu verurteilen und zu bestrafen. Die Verantwortung lässt sich hier klar zuschreiben und geht nicht, wie es heute immer öfter geschieht, in diffusen Organisationsstrukturen und *responsibility gaps* unter.

Und auch selbst wenn ein Topmanager es wollte – für jede Handlung im Unternehmen Verantwortung zu übernehmen, ist vermutlich gar nicht möglich. Das Postfaktische betritt also schon hier die Arena: Manager *behaupten* zwar im Wirtschaftsalltag, sie trügen die Verantwortung, und das müssen sie auch, um das verfassungs- und ordnungsgemäße Funktionieren der Organisation zu gewährleisten und sich juristisch nicht zu belasten. Doch sind sie in Schadensfällen, wie sich immer wieder zeigt, gar nicht in der Lage, diese dann auch wirklich zu übernehmen. Verantwortungsübernahme zu kommunizieren ist dann postfaktisch, wenn sie bloß Teil einer strategischen, nicht aber einer authentischen Kommunikation ist. Eine derartige postfaktische Unternehmenskultur ist dabei jedoch meist nicht das Ergebnis einer bewussten Entscheidung seitens der Manager und Unternehmensmitglieder, sondern auf systemische und organisationale Ursachen zurückzuführen.

Die Verantwortungslosigkeit in Unternehmen beruht somit weniger auf der Bösartigkeit und Verdorbenheit des Managements als auf dem Organisationskontext, der einmal zur Einhaltung von Regeln des Wohlverhaltens führt, das andere Mal das schädliche Verhalten und die individuelle Vorteilsnahme befördert. Die postfaktische Verantwortungslosigkeit ist gewissermaßen schon in der DNA des ethischen Unternehmens angelegt, das seine CSR-Programme umsetzen muss, um seine soziale Reputation zu erhalten, während es gleichzeitig der Logik der Gewinnerzielung folgt, die auf Wettbewerbsmärkten unvermeidlich ist. Der hieraus entstandene *responsibility gap* zwischen der behaupteten und der tatsächlichen Verantwortlichkeit resultiert weniger aus kruden Lügenmanövern, sondern stellt einen systemischen Defekt dar, dessen Ursachen in der Struktur privatwirtschaftlicher Organisationen liegen.

Shifting baselines im Organisationskontext

Was sich in diesem Zusammenhang beobachten lässt und was auch beziehungsweise gerade für den Unternehmenskontext gilt, ist das Phänomen der sogenannten *shifting baselines*. Hiermit wird ein moralsoziologisches Phänomen bezeichnet, bei dem Menschen ihre moralische Grundstruktur beziehungsweise ihren moralischen Referenzrahmen den Umständen anpassen, unter denen sie agieren. Beispiele hierfür sind vielfältig und reichen von Soldaten, die in Kriegssituationen (und nicht nur dort) ihre eigenen Moralvorstellungen so verändern, dass Töten zur Normalität wird, über Bürokratien, die es schaffen, ihre Beamten zu bloßen Befehlsempfängern zu »erziehen«, bis hin zum berühmten Stanford-Prison-Experiment, bei dem Probanden im Laufe des Experiments immer gewalttätiger wurden und aufgrund von Rollenzuschreibungen als Gefängniswärter ihre Hemmungen verloren. Mögen dies Extrembeispiele sein, lässt sich doch ganz allgemein in Gruppensituationen und eben auch im Unternehmenskontext beobachten, dass Mitglieder von Gruppen beziehungsweise Organisationen blinde Flecken entwickeln und die Organisationslogik den »gesunden Menschenverstand« beeinflusst oder sich die Maßstäbe, die sonst ganz selbstverständlich an Anstand, Moral oder Tugenden der Organisationsmitglieder angelegt werden, unmerklich verschieben. Dabei werden individuelle Vorstellungen von richtig und falsch, von Normen und Gesetzen nicht einfach außer Kraft gesetzt. Sie werden vielmehr von Gruppenansichten oder Systemimperativen so überlagert, dass sie eine neue Gültigkeit gewinnen.

Es ist diese Verschiebung von Moralvorstellungen und Akzeptanzmaßstäben, die auch im postfaktischen Management stattfindet. Es gibt umfangreiche Forschungen dazu, wie Menschen Moralvorstellungen entwickeln und wie sich diese im Laufe ihres Lebens verändern und neuen Umständen oder Situationen angepasst werden. Die *shifting baselines* bezeichnen keine plötzliche Veränderung im Urteilen und Handeln von Individuen, sondern sind vielmehr ein »Gleiten und Driften von moralischen Standards, das sich nicht auf Intentionen von Akteuren, vielmehr auf Effekte von Systemen zurückführen lässt«.[11] Insofern könnte man sagen, dass wir es nicht nur mit einem postfaktischen Management, sondern mit postfaktischen Organisationen zu tun haben, da eben nicht mehr oder nicht in vollem Umfang Fakten und Vernunft als Grundlage für individuelle Handlungen im Organisationskontext dienen, sondern diese durch ein verändertes Fürwahrhalten und geglaubte Gewissheiten abgelöst werden. Diese scheinbaren Gewissheiten können dann, in Organisationsstrukturen überführt, die Erwartungen, das Verhalten und auch die Urteile der Organisationsmitglieder maßgeblich beeinflussen und zu einer organisierten Verantwortungslosigkeit führen.

Der Einfluss von Organisationskulturen und -prozessen

Moralpsychologische Studien, die sogenanntes *moral judgement*, das moralische Urteilsvermögen, also die Fähigkeit zur Abwägung und Berücksichtigung moralischer Argumente, messen, bestätigen diese These. So wurden beispielsweise Belege dafür gefunden, dass die Verschiebung der eigenen Moralvorstellungen schleichend und mit der Zeit geschieht: Manager, die ihren Beruf schon länger ausüben, wiesen niedrigere Werte bei *moral judgement* auf als ihre jüngeren oder unerfahrenen Kollegen.[12] Weiterhin wurde nachgewiesen, dass die Ausbildung, das Arbeitsumfeld und die jeweilige berufliche Tätigkeit einen starken Einfluss auf das *moral judgement* haben können – wobei hier teilweise unklar ist, ob die niedrigen Punktzahlen in bestimmten Branchen und Berufsfeldern darauf zurückzuführen sind, dass bereits im Vorfeld eine Art Selbstselektion stattfindet und manche Individuen diese Berufe gar nicht erst ergreifen (wollen), oder ob die Ausübung der Tätigkeit selbst dazu führt, dass die eigenen Moralvorstellungen verschoben werden.[13]

Der Grund für solche Verschiebungen im Organisationskontext kann auch im Organisationszweck selbst begründet liegen. Jede Organisation hat zunächst einmal einen bestimmten Zweck, sie wurde jeweils geschaffen, um ein konkretes Ziel zu erreichen – seien es Parteien, Kirchen, Wohltätigkeitsorganisationen oder eben Wirtschaftsorganisationen, also Unternehmen. Alle diese Organisationen gründen darauf, das Handeln ihrer Mitglieder auf ein spezifisches Ziel hin auszurichten. Die Organisationen unterliegen dabei wiederum bestimmten Systemzwängen – bei Parteien sind diese beispielsweise politischer, bei Unternehmen ökonomischer Natur.

Um ihre ökonomischen Ziele zu erreichen, entwickeln Unternehmen also Prozesse und Strukturen, die den Mitarbeitern dabei helfen sollen, die Organisationsziele besonders effektiv zu erreichen. Dabei ist es unausweichlich, dass solche Prozesse und Strukturen die jeweilige Disposition jedes Individuums nicht oder nur wenig berücksichtigen (können):»Sie ergänzen, überlagern – und ›überstimmen‹ womöglich –

die individuellen Intentionen, Erfordernisse und Handlungsschemata, und sie sind keineswegs ›richtungsneutral‹, sondern stehen in den Diensten der Systemerfordernisse der Organisation.«[14] Das kann dann dazu führen, dass aufgrund der kapitalmarktgetriebenen Strukturen der Marktwirtschaft, die den Profit an erste Stelle setzt, der Einzelne dieser Profitlogik folgt, sie als erforderlich akzeptiert und sich in gewisser Weise auf diese Strukturen verlässt.

Das bedeutet aber auch, dass Mitarbeiter und Führungskräfte nicht mehr jede ihrer Handlungen im Organisationskontext hinterfragen, da sie ja von den Organisationsstrukturen legitimiert werden. Die reale Außenwelt tritt dabei in den Hintergrund und wird nicht mehr als solche berücksichtigt. Sie wird, ganz im Sinne des postfaktischen Managements, bloß noch strategisch wahrgenommen und kommuniziert, aber nicht mehr zwangsläufig autonom und selbstverantwortlich reflektiert.

Diese Organisationsstrukturen sind nicht per se verwerflich, im Gegenteil, sie sind in gewisser Weise notwendig. Sie entlasten das Individuum und schaffen das, worauf es bei wirtschaftlichen Handlungen ankommt: Effizienz. Den Einzelnen von der permanenten Entscheidung zu entlasten, ist notwendig; das Individuum muss sich auf bestimme Organisationsabläufe und -strukturen verlassen können, um überhaupt seiner arbeitsteilig geregelten Aufgabe in effizienter Weise gerecht werden zu können. Im Unternehmensalltag passiert dies ständig und ohne erneute bewusste Entscheidungen einzelner Individuen für oder gegen diesen Zustand.

Interessant werden diese Verschiebungen der individuellen Dispositionen, kurz die *shifting baselines*, darum erst dann wieder, wenn die Organisation irritiert und in ihren Prozessen und Strukturen aufgeschreckt wird. Beispielsweise dann, wenn eine kritische Öffentlichkeit anklopft und sich Einzelne, dann eben zumeist die Führungskräfte, rechtfertigen müssen und plötzlich Verantwortung übernehmen sollen. Mitunter wird erst dann vielen Organisationsmitgliedern bewusst, welche Automatismen und Prozesse sich mit der Zeit eingespielt haben, in welchem Dornröschenschlaf die Organisation also verharrte und was die Organisation, in ihrer eigenen Logik verhaftet, eventuell angerichtet hat. Die Lügen zweiter Ordnung sind so gesehen gar keine Lügen in dem Sinne, dass hier vorsätzlich getäuscht wird. Sie sind stattdessen das Resultat einer System- und Funktionslogik, die es strategisch sinnvoll und glaubhaft erscheinen lässt, auf diese Weise zu kommunizieren und zu handeln.

Umgang mit der Verantwortungslosigkeit oder: Wider das Postfaktische

Das verantwortungslose Verhalten in Unternehmen lässt sich somit nicht nur nicht vermeiden, es wird vielmehr auf paradoxe Weise durch das ethische Management forciert, das durch moralische Versprechen auf die Sicherung des Unternehmenserfolgs zielt. Die heroische Devise, wer einmal lügt, dem traut man nicht, hat heute ihre Gültigkeit verloren. Die oben beschriebenen Lügen zweiter Ordnung, bei denen das Verantwortungsprinzip aus strategischen Gründen zur globalen Unternehmensrichtlinie gemacht wird, stellen unter Wettbewerbsbedingungen den Regelfall dar. Das Problem besteht deshalb auch nicht darin, *dass* die Unwahrheit gesagt wird (mit der genau genommen jeder rechnet), sondern *wie* sie praktiziert und kommuniziert wird. Der Vertrauensverlust in der Wirtschaft resultiert nicht vorrangig aus dem Verstoß gegen das Verantwortungsprinzip, sondern aus der Diskrepanz zwischen beanspruchter Moral und faktischer Unmoral, auf die Öffentlichkeit und Politik mit wachsender Entrüstung reagieren.

Nun sind alle diese Entwicklungen und Beobachtungen keine Zwangsläufigkeiten. Weder das *post-truth management* noch die *shifting baselines* müssen einfach hingenommen werden. Um ihnen ernsthaft und nachhaltig entgegenzuwirken, bedarf es jedoch bewusster und tief greifender Veränderungen an unterschiedlichen Stellen, die ineinandergreifen müssen.

Zunächst geht es darum, dass trotz allem, was über strukturelle Abhängigkeiten und systemische Dependenzen vorgebracht wurde, Unternehmensmitglieder und hier vor allem die Topmanager und Führungskräfte die Fähigkeit besitzen, ihr Verhalten zu reflektieren und zu ändern. Der grassierende Konformismus in wirtschaftlichen Organisationen lässt sich aufbrechen, sodass es wieder möglich wird, im Unternehmen vielfältige Meinungen und Ansichten zu vertreten. Dazu müssen Führungskräfte ihrer Vorbildfunktion gerecht werden, denn ihr Verhalten und ihre Rhetorik wirken besonders stark auf die Organisation und ihre Strukturen zurück. Hierzu bedarf es mehr Mut und Eigenverantwortung, denn daran hat es aller Wahrscheinlichkeit nach im Fall VW gemangelt.[15] Aufgrund rigider Strukturen und Hierarchien konnte und wollte hier kein Ingenieur seine kritische Stimme erheben. Einem solchen Konformismus lässt sich durch die Ausbildung integrer Führungskräfte und Mitarbeiter zumindest entgegenwirken.

Führungskräfte können darüber hinaus gezielt ihre Gestaltungs- und Kommunikationskompetenzen im Unternehmen einsetzen. Ob Führungskräfte ehrlich und glaubwürdig oder taktisch und postfaktisch auftreten, hat unmittelbaren Einfluss auf die Art und Weise, wie auch im Unternehmen und miteinander kommuniziert und gearbeitet wird. Anstatt nur *pro forma* die Verantwortung zu übernehmen, geht es darum, die Bereitschaft zu verantwortlichem Wirtschaften glaubhaft zu machen und sie, das ist vermutlich das Entscheidende, auch im Unternehmenskontext, in den betrieblichen Prozessen und im alltäglichen Handeln authentisch zu vertreten.

Förderlich ist in diesem Zusammenhang die Idee des *organisational citizenship*, also die Vorstellung, dass Manager und Mitarbeiter auch im Organisationskontext als Bürger beziehungsweise als Wirtschaftsbürger agieren.[16] Diese Organisationsbürger wären solche, die im eigentlichen Wortsinn Integrität bewahren und verantwortlich handeln, die also nicht im Unternehmenskontext ihre Moralvorstellungen anpassen, verschieben oder unterdrücken. Dies scheint allerdings nur möglich, wenn nicht gleichzeitig der Wettbewerbsdruck dazu führt, dass im Unternehmen eine einzige Logik, nämlich die des Profits, alle anderen Überlegungen der Organisationsmitglieder überlagert. Dazu gehört auch, veränderte Incentives und Bonussysteme einzuführen, die integres Verhalten honorieren, statt bloße Gewinnorientierung zu belohnen. Aber auch aktuelle Maßnahmen in den Bereichen Compliance und Corporate Social Responsibility, so sie denn ernst gemeint sind und umgesetzt werden, können dabei helfen, Verantwortlichkeiten in Unternehmen besser zu verankern. Dazu müssten CSR-Maßnahmen verbindlicher und transparenter kommuniziert werden, damit in Einzelfällen erkennbar ist, inwieweit Unternehmen tatsächlich Verantwortung übernehmen und nicht nur Verhaltenskodizes befolgen oder *greenwashing* betreiben.

Kommunikation von Unverantwortlichkeit

Es hat sich gezeigt, dass der simple Vorwurf der Lüge und Täuschung bei Unternehmensskandalen und Fehltritten von Managern zu kurz greift. Die Ursachen sind vielmehr systemischer Natur. Komplexe Organisationen können zu einer schleichenden Veränderung ethischer Standards führen, die von den Mitgliedern für richtig gehalten werden, obwohl sie von außen betrachtet falsch sind. Diese *shifting baselines* verstärken nicht nur unmoralisches Verhalten, sondern fördern auch die Bereitschaft, Regeln der guten Unternehmensführung zu vernachlässigen. Verantwortung wird kommuniziert, ohne konsequent umgesetzt zu werden.

Der strategische Umgang mit dem Verantwortungsprinzip ist unter Wettbewerbsbedingungen bis zu einem bestimmten Grad unvermeidlich. Er wird dann zu einem Problem, wenn die Kluft zwischen propagierter und praktizierter Verantwortung zu groß wird. Für diese Kluft gibt es weder einen präzisen Gradmesser noch eine einfache Überwindungsstrategie. Der *responsibility gap*, der in Unternehmen immer wieder aufbricht, lässt sich nicht schließen, sondern nur anders gestalten –

durch veränderte Anreize und bessere Kontrollen, aber auch durch mehr Transparenz, mehr Offenheit und mehr Autonomie. Es geht darum, individuelle Bereitschaftspotenziale zu stärken und Lügen zweiter Ordnung als Eigenschaften systemischer Prozesse kenntlich zu machen. Mit anderen Worten: einzugestehen, dass Fehler gemacht wurden, die je nach Fall vermeidbar oder unvermeidbar waren.

In Zeiten des *post-truth management* sind Unternehmen deshalb gut damit beraten, nicht mehr nur ihre Verantwortung, sondern auch ihre Unverantwortlichkeit zu kommunizieren. Wenn Fehler sich nicht vermeiden lassen, ist es besser, sie einzugestehen, als den Deckmantel der Corporate Responsibility über sie auszubreiten. Lügen zahlen sich ganz sicher nicht aus, wohl aber das Aufdecken von Lücken und Defekten in der Unternehmensorganisation. Weniger Verantwortung kann manchmal mehr Verantwortung sein.

Anmerkungen

1 »Volkswagen war, ist und bleibt mein Leben«, in: *Manager Magazin* vom 23.09.2015, http://www.manager-magazin.de/unternehmen/autoindustrie/ruecktrittserklaerung-winterkorns-im-wortlaut-a-1054450.html (02.01.2017).

2 »Winterkorn soll Abgasmanipulation gedeckt haben«, in: *Zeit online* vom 25.09.2016, http://www.zeit.de/wirtschaft/unternehmen/2016-09/abgasskandal-vw-martin-winterkorn-vertuschung-gebilligt (02.01.2017).

3 »Deutsche Bank legt US-Hypothekenstreit bei«, in: *Handelsblatt* vom 23.12.2016, http://www.handelsblatt.com/unternehmen/banken-versicherungen/vergleich-erzielt-deutsche-bank-legt-us-hypothekenstreit-bei/19172056.html (02.01.2017).

4 »Die Manager kommen fast immer ungeschoren davon«, in: *Frankfurter Allgemeine Zeitung* vom 18.10.2016.

5 Immanuel Kant: *Metaphysik der Sitten. Werkausgabe, Bd. 8*. Frankfurt am Main 1977, S. 334.

6 So die klassische Position von Albert Carr: »Is business bluffing ethical?«, in: *Harvard Business Review*, January-February 1968, S. 143–153.

7 Dirk Baecker: *Postheroisches Management. Ein Vademecum*. Berlin 1994, S. 18.

8 Andreas Suchanek: *Unternehmensethik. In Vertrauen investieren*. Tübingen 2015, S. 276.

9 Oxford Living Dictionaries, https://en.oxforddictionaries.com/definition/post-truth (02.01.2017).

10 Claudia Honegger, Sighard Neckel, Chantal Magnin (Hrsg.): *Strukturierte Verantwortungslosigkeit. Berichte aus der Bankenwelt*. Berlin 2010.

11 Günther Ortmann: *Organisation und Moral. Die dunkle Seite.* Weilerswist 2015, S. 29.

12 Dawn R. Elm, Mary Lippitt Nichols:»An investigation of the moral resoning of managers«, in: *Journal of Business Ethics* 12 (1993), S. 817–833.

13 James C. Lampe, Don W. Finn:»A model of auditors' ethical decision process«, in: *Auditing: A Journal of Practice & Theory,* Supplement, 1992, S. 1–21.

14 Ortmann 2015, S. 77.

15 Thomas Sattelberger:»Wir hier oben. Bei Volkswagen trafen Macht und Selbstherrlichkeit der Chefs auf die Ergebenheit ihrer Mitarbeiter«, in: *Zeit* vom 02.06.2016, S. 19–20.

16 Mark Bovens: *The Quest for Responsibility. Accountability and Citizenship in Complex Organisations.* Cambridge 1998, S. 143 ff.; Peter Ulrich: *Der entzauberte Markt. Eine wirtschaftsethische Orientierung.* Freiburg 2002, S. 117 ff.

André Kieserling
Grenzschutz
Über die Lüge im außermoralischen Sinne – ein Gespräch

Nassehi: Wir wollen über die Lüge reden. Beginnen wir mit der Begriffsgeschichte, hängt die Latte recht hoch. Schon bei Augustinus gibt es die strikte Forderung, dass man auf gar keinen Fall lügen darf und auf jeden Fall die Wahrheit zu sagen habe, Thomas von Aquin spricht ganz ähnlich, bei Kant gibt es auch einen Rigorismus, wobei er Wahrheit und Wahrhaftigkeit allzu identisch setzt. Die Argumentationsstruktur bei Augustinus ist fast eine wie bei Habermas, die eigentliche Funktion der Sprache sei, dass wir uns die Wahrheit sagen, authentisch sein können, woraus sich ein Postulat für einen lügenfreien Sprachgebrauch ableiten lasse. Nietzsche markiert wie so oft einen Paradigmenwechsel. Für ihn hat jeder klare Begriff schon eine bestimmte Form von Unschärfe, sodass zwischen Wahrheit und Lüge nicht eindeutig unterschieden werden könne. Meine erste Frage: Setzt die Rede von der Lüge nicht schon einen sehr starken Begriff von Wahrheit voraus?

Kieserling: Nietzsches Text *Über Wahrheit und Lüge im außermoralischen Sinne* stellt ja seine Erkenntnistheorie über die Notwendigkeit von Fiktionen vor. »Außermoralisch« heißt also, dass er zwischen der Alltagsfrage, ob jemand auch in schwierigen Lagen aufrichtig ist und dafür Achtung verdient, und den im engeren Sinne wahrheitsbezogenen oder epistemologischen Fragen unterscheiden kann – und dass nur diese zweite Gruppe von Fragen ihn an dieser Stelle überhaupt interessiert. Vielleicht sollten wir in diesem Sinne, so wie es bei dir auch anklingt, zwischen Wahrheit und Wahrhaftigkeit unterscheiden. In der wissenschaftlichen Wahrheitssuche haben wir es in der Regel mit Irrtümern zu tun, die nicht persönlich zurechenbar sind, und mit Lügen nur dann, wenn jemand plagiiert oder fälscht. Erst dieses Mogeln mit dem Wahrheitssymbol wird dann auch durch Achtungsentzug sanktioniert. Der starke Wahrheitsbegriff, von dem du sprichst, wäre demnach ein Thema, das vor allem in die Erkenntnistheorie gehört, und als Gegenbegriff zu Lüge käme demnach Wahrhaftigkeit in Betracht.

Nassehi: Bezogen auf Wahrheitsfragen im wissenschaftlichen Sinne ist das richtig, aber der performative, also praxisrelevante Gehalt dessen, was im Alltag »Lüge« heißt, ist schon an einem starken Wahrheitsbegriff oder einer starken Wahrheitserwartung orientiert, oder nicht?

Kieserling: Mir fällt zunächst einmal auf, wie locker und leichtgängig im Alltag und vor allem in den Massenmedien von Lüge gesprochen wird. Als Beispiel nenne ich nur die Ergebnisse einer kleinen Amazon-Testanfrage: *Die Öko-Lüge; Die Cholesterin-Lüge; Die Patchwork-Lüge.* Das sind aktuelle Titel von Sachbüchern, geschrieben fürs breite Publikum. Die Frage ist nur, wer diesen Sprachgebrauch ernst nimmt? Tun die Autoren es? Tun es die Leser? Oder wissen nicht vielmehr beide Seiten, dass es sich nur um ein starkes Verbalsymbol handelt? Und also nicht wirklich um den Vorwurf der absichtsvollen Täuschung, der ja typisch auch gar nicht erhoben wird – und den zu belegen in einer Gesellschaft mit institutionell gesicherter Presse- und Wissenschaftsfreiheit auch keineswegs leichtfallen dürfte. Statt von Lüge könnte man hier auch von Mythos oder von Illusion reden, und es wäre interessant zu wissen, in wie vielen Fällen so ein Alternativtitel erwogen wurde.

Nassehi: Ich hatte eher auf den performativen Sinn hingewiesen, in dem der Begriff durchaus sehr stark verwendet wird. Wenn ich jetzt sagen würde: »André, du hast gelogen«, dann würde ich gewissermaßen performativ mitliefern, dass ich im Besitz eines Satzes bin, der eher der Wahrheit entspricht als der, den du gesagt hast. Das ist es doch, was man üblicherweise damit meint. Wenn jemand von der Cholesterin-Lüge spricht, dann meint er natürlich, dass jemand anderes bewusst Sätze sagt, die uns dazu bringen, zu viele Eier, zu viel Fleisch oder zu wenig Eier oder zu wenig Fleisch zu essen.

Kieserling: Das Sachproblem scheint mir eher darin zu liegen, dass Meinungsverschiedenheiten unter Fachleuten existieren, die mit den üblichen wissenschaftlichen Mitteln nicht zu beheben sind. Wissenschaftler, die sich, sagen wir, mit Ernährung gut auskennen, produzieren dann Dissens über Cholesterin, und während dies eigentlich bedeuten müsste, dass daraufhin auch niemand anderes mehr den Anspruch erheben kann, hier wirklich durchzublicken und etwas exklusiv Richtiges mitteilen zu können, kommt es bei vielen, die sich für das Thema interessieren und vielleicht auch auf bestimmte Meinungen darüber schon festgelegt sind, zu einer Art von Unsicherheitsabsorption durch Gegnerschaft, verbunden mit dem Rückzug in engere Bezugsgruppen.

Nassehi: Ich darf noch mal insistieren. Es geht mir nicht um die Frage, ob etwas eine Lüge ist oder nicht. Das, was du sagst, verweist doch auf den performativen Gehalt des Vorwurfs »Lüge«. Ein Buchtitel wie *Die Auseinandersetzung über Cholesterin und warum man nicht so richtig weiß, was man sagen soll, wenn man die Fachliteratur gelesen hat* würde natürlich nicht funktionieren, aber *Die Cholesterin-Lüge* funktioniert. Das ist doch ein Hinweis, ich wiederhole mich, auf den performativen Gehalt, und zurzeit macht dieser Begriff durchaus eine starke öffentliche Karriere, wenn man an die Lügenpresse denkt, an Lügeninstitutionen, oder wenn man die kindergartenförmige Kommunikation beobachtet, in der die Leute sich wechselseitig der Lüge zeihen. Die Erfolgskarriere des Begriffs spricht gegen die soziologische Intuition, die du gerade formuliert hast.

Kieserling: Ich finde, in einer stark differenzierten Gesellschaft ist es ein völlig normaler Sachverhalt, dass man nur noch bezugsgruppenspezifischen Konsens sucht. Bezugsgruppenspezifisch heißt, dass man denen, die anders denken, die volle Urteilsfähigkeit abspricht, sodass ihr Dissens nicht länger irritiert. Die These, dass die anderen »lügen«, ist nur eine Möglichkeit neben anderen, so etwas auszudrücken. Wir Soziologen sprechen zum Beispiel von »Alltagstheorien« oder von »Selbstbeschreibungen«, um einander zu versichern, dass es nicht weiter schlimm ist, wenn unsere Theorien oftmals gerade von denen abgelehnt werden, auf die sie sich thematisch beziehen: Diese Leute sind eben »soziologisch inkompetent«. Ähnlich wurde im Gefolge der Studentenbewegung gerne von »bürgerlicher Presse« gesprochen, auch dieses Wort diente dazu, dem Gegner im Zentrum des politischen Spektrums die Konsensrelevanz zu bestreiten. Und selbstverständlich läuft es auch bei diesen Blättern der Mitte nicht grundsätzlich anders. Bernhard Peters hat einmal eine wunderbare Untersuchung gemacht über die Frage, wie in den besseren Zeitungen die Tagespolitik kommentiert wird. Er hat nachgezählt, wie viele Leitartikel seiner Stichprobe, gezogen aus Blättern wie der *FAZ* oder dem *Spiegel*, man unter einen absichtsvoll weit gefassten Begriff von Argumentation bringen kann, und kam dabei auf ein Ergebnis – ich habe die Zahl nicht genau im Kopf – von ungefähr 25 Prozent. In allen anderen Leitartikeln wird einfach nur das eigene politische Lager gelobt und das andere abgewertet. Ich finde das übrigens nicht beunruhigend, solange auch nach solchen Polarisierungen noch die Bereitschaft besteht, Mehrheitsentscheidungen anzuerkennen. In Deutschland scheint mir das, trotz Pegida und AfD, vorerst nicht problematisch zu sein, aber es ist schwer zu sagen, wie es sich in Amerika verhält, da der Einzige, bei dem diese Bereitschaft zweifelhaft war, die Wahl ja bekanntlich gewonnen hat.

Nassehi: Dann wären wir bei dem, was wir heute *filter bubble* nennen. Am wohlsten scheinen sich Kommunikanden zurzeit dort zu fühlen, wo sie bestätigt werden, wo auch entsprechende Motive produziert werden, sich in der Kommunikation möglichst anschlussfähig zu halten.

Kieserling: Als Zeitdiagnose finde ich die These von der *filter bubble* nicht überzeugend. Das ist weder eine neue Erscheinung noch eine Folge der sozialen Medien. Denn unter sozialer Differenzierung würde ich mir eigentlich immer vorstellen, dass engere Bezugsgruppen für ernst zu nehmende Kommunikation herausgeschnitten werden. Die Stimmen werden also gewichtet, und man hört bevorzugt auf das, was die für einen selbst relevanten Sprecher sagen. Aber das war nie anders, und die Behauptung des Gegenteils dient nur der Erschleichung einer Neuheit, damit Massenmedien darüber berichten und Intellektuelle sich aufregen können.

Nassehi: Was man aber womöglich soziologisch ernst nehmen muss, und deshalb insistiere ich noch mal, ist die starke derzeitige semantische Karriere des Lügenbegriffs. Entweder steckt dahinter eine naive Idee von Gesellschaft, dass es so etwas wie einen Raum gibt, in dem jeder Satz die gleiche Bedeutung haben soll, oder was steckt dahinter?

Kieserling: Ich bin mir nicht sicher, ob es eine solche Karriere gibt. Die ersten, die einander gewohnheitsmäßig der Lüge ziehen, waren ja, lange vor der gegenwärtigen Intellektuellendiskussion über angeblich postfaktische Zustände, die Politiker der etablierten Parteien, und zwar immer in der Absicht, den politischen Gegner als jemanden erscheinen zu lassen, den man aus moralischen Gründen nicht wählen kann. Das bedeutet, dass man für die eigene Meinung ein exklusives Recht beansprucht und dem anderen nicht zugestehen will, dass sie zum Gegenstand einer Kontroverse werden kann. Das Recht zum Streiten ist dann selbst schon umstritten, und wenn man will, kann man darin das Scheitern des Versuches sehen, Konflikte zu institutionalisieren, denn in einem institutionalisierten Konflikt müsste moralische Chancengleichheit gewahrt bleiben.

Nassehi: Du hast jetzt mehrfach den Begriff der Meinung verwendet, der, wenn ich noch mal auf klassische Texte zurückgreifen darf, in Kants

Trias die instabilste Form des Für-wahr-Haltens neben Glauben und Wissen ist. Meinen ist hier weder subjektiv noch objektiv angemessen, Glauben wenigstens subjektiv angemessen, Wissen wäre die höchste Form. Es gibt doch durchaus eine Diskussion über die Lüge, bei der es tatsächlich weniger um so etwas wie Meinung oder die Diskussion um Irrtümer geht, sondern um den ganz strategischen Einsatz von deutlichen Unwahrheiten, etwa in Wahlkämpfen oder in populistischer Politikform. Kann man dort von Lüge sprechen, wenn es um den bewussten Einsatz von Unwahrheit zur Produktion von Loyalität, von Wählerstimmen, von Auflage oder Ähnlichem geht?

Kieserling: Ein derart mobiles Verhältnis zur Wahrheit ruiniert jedenfalls die Sprecherreputation: Wer den Berichten der *Bild*-Zeitung traut, ist bekanntlich selbst schuld. Aber du hast ja schon auf die lange semantische Tradition des Themas hingewiesen. Der Form nach war das eine Prinzipienmoral, und wie in allen Moralen dieses Typs musste auch hier das Gegenteil zugelassen werden. Von rigoristischen Positionen abgesehen, die ihren Autoren oft nur den Ruf der Weltfremdheit eintrugen, gab es also immer Ausnahmesituationen, in denen mindestens das Schweigen und die Geheimhaltung und oft auch die Lüge als legitim galten. Das galt natürlich vor allem für das Verhalten in Konflikten: Wie soll man ohne Lüge und Geheimhaltung auskommen, wenn der Gegner in seiner Tücke diese beiden Mittel verwendet? Mit diesem Argument rechtfertigen wir noch heute die Tätigkeit der Geheimdienste. Und da man den Gegner nicht täuschen kann, wenn man dem eigenen Publikum die Wahrheit sagt, pflegt die eine Täuschung in die andere überzugehen. Das ist vor allem aus Kriegen bekannt, von denen man nicht ohne Grund gesagt hat, dass ihr erstes Opfer immer die Wahrheit sei.

Nassehi: Emanzipiert man sich von der Frage, dass die Lüge etwas Falsches sei, erkennt man, dass die Lüge eine ganz interessante Funktion und bisweilen eine durchaus positive Wirkung haben kann.

Kieserling: Es gibt jedenfalls Spezialisten, die sich von Berufs wegen mit Lügen, die in diesem Falle dann Desinformation heißen, und mit Geheimhaltung befassen, und das mit einem solchen Maß an sozialer Unterstützung, dass niemand auf die Idee kommt, ihnen diese Tätigkeit persönlich zuzurechnen oder darin den Ausdruck ihres zweifelhaften Charakters zu sehen. Die Zurechnung auf die Person, die normalerweise als Sanktionsmittel gegen das Lügen fungiert, ist hier also suspendiert, und aus der Sicht des professionellen Lügners läuft das auf eine Art von institutionalisierter Inkonsequenz hinaus. Kein Diplomat muss fürchten, dass seine Gattin ihm keinen Glauben schenkt, nur weil er diesen Beruf ausübt. Anderenfalls wären solche Personen ja auch gar nicht verheiratbar.

Nassehi: Du hast darauf hingewiesen, dass es nicht nur diese unterschiedlichen Formen von, sagen wir mal, Meinungskartellen oder Kommunikationskartellen oder Begriffskartellen gibt, sondern soziale Differenzierungsformen in der Gesellschaft.

Kieserling: Ich sehe den Zusammenhang mit Differenzierung auf einer sehr elementaren Ebene. Man kann es für ein interessantes Detail in der soziologischen Ideengeschichte halten, dass die beiden klassischen Texte über Lüge einerseits, über Geheimhaltung andererseits von Georg Simmel stammen, der sich eben auch für soziale Differenzierung interessierte. Man kann fragen, wie ein soziales System aussehen muss, in dem man lügen oder etwas geheim halten kann. Dann wird man darauf aufmerksam, dass es soziale Systeme gibt, in denen es aussichtslos ist, zu lügen, und unmöglich, ein Geheimnis zu bewahren. Das sind sehr kleine und undifferenzierte Systeme. Man kann zum Beispiel über den Verlauf eines Gespräches keine Geheimnisse unter Anwesenden haben. Man kann auch nicht bestreiten, etwas Bestimmtes gesagt zu haben, wenn man es tatsächlich gesagt hat, denn alle anderen haben es ja gehört. Alles, was überhaupt gesagt wird, ist damit auch systemöffentlich, gelegentliche Flüstergespräche als versuchte Geheimhaltung hier einmal ausgenommen. Aber auch ganze Gesellschaften können, wenn sie sehr klein und undifferenziert sind, so gebaut sein, dass es aussichtslos ist, mit einer Lüge durchzukommen, und unmöglich, Geheimnisse zu haben, weil die dafür nötige Absonderung unterbunden ist. Und dann würde man sagen: Beide, die Möglichkeit der Geheimhaltung und der Lüge, setzen ein differenziertes System voraus und dienen in ihm vor allem dazu, die Grenzen von Teilsystemen zu schützen. So schützt sich die Subkultur der Schüler vor der Schule und ihren Lehren, indem sie das Petzen, also den Geheimnisverrat, missbilligt und Verständnis aufbringt, wenn Schüler auf Nachfrage hin unzutreffende Antworten geben.

Nassehi: Wechseln wir das Terrain. Takt und Höflichkeit sind starke Schutzmechanismen für soziale Interaktion unter Anwesenden. Haben Takt und Höflichkeit nicht auch mit unserem Thema zu tun?

Kieserling: Ja, und das ist auch ein Schutz von Systemgrenzen. Die große Gefahr für Gespräche – oder auf Soziologisch: für Interaktionen – ist ja der Konflikt, weil er nicht isoliert werden kann, sondern die gesamte Situation beherrscht. Alles andere findet dann nicht mehr statt, auch das nicht, was man mit dem Gespräch ursprünglich einmal erreichen wollte. Die ältere Vorstellung, jeder Konflikt sei eine gravierende Störung der sozialen Ordnung, ist für komplexe Gesellschaften offensichtlich unzutreffend, aber für einfache Gesprächssituationen ist sie dies keineswegs. Deshalb kann man viel Interaktionsverhalten als Konfliktvermeidungsverhalten verständlich machen. Es stehen zwei Möglichkeiten zur Verfügung: das Schweigen und die Lüge, das passive Verbergen und die aktive Maskierung der eigenen Meinung. Man kann entweder schweigen, wenn jemand etwas sagt, das man inakzeptabel findet, oder lügen, also Zustimmung heucheln. Viele Interaktionsmoralen sind so gebaut gewesen, dass sie die Konfliktvermeidung zentral setzten, und übrig blieb dann die Wahl zwischen Schweigen und Lügen. Das Interessante ist nun einerseits, dass das Schweigen zur instabilen Position gemacht werden kann, indem man bedrängt und unter sozialen Druck gesetzt wird: Sag du mal was! Du findest das doch auch nicht richtig usw. Francis Bacon hat das in seinem Text über die Verstellung gut beschrieben: Man kann nicht einfach nur schweigen, das Schweigen wird von einer Schleppe des Lügens begleitet, weil man unter Druck am Ende doch so tun muss, als würde man zustimmen. Und dieses Vorschützen von Zustimmung um des Gesprächsfriedens willen, das ist es, was das Ganze sehr interessant macht. Dies Thema durchläuft nämlich einen kompletten Wechsel in der Art der Behandlung. Lange hat man sich als Standardsituation Kontakte unter Ungleichen vorgestellt: der Fürst oder der König und seine Berater. Hier dem Konflikt auszuweichen und dem Ranghöheren nach dem Munde zu reden, hieß Schmeichelei und war als solche übel beleumdet. In den älteren Texten hatte das bis zur Moderne eine Bedeutung wie für uns heute das Thema Umweltschutz: Das Schlimmste, was passieren kann, ist, dass die wichtigen Figuren von Speichelleckern umgeben sind, denn dann treffen sie ihre Entscheidungen auf vollkommen falschen Grundlagen, und das stürzt dann ganze Völker ins Unglück. Diese Art der Konfliktvermeidung hieß also zunächst Schmeichelei, aber schon wenige Jahrzehnte später hieß sie dann auf einmal Takt. Das ist einerseits derselbe Sachverhalt, nur eben von unfreundlich auf freundlich umbenannt. Andererseits war die Situation nun eine andere. Takt ist etwas, das in der Interaktion unter Gleichrangigen, in der geselligen Interaktion stattfindet und auch dort wiederum der Vermeidung von Konflikten dient. Man stimmt jemandem zu, macht aber deutlich, dass das keine echte Zustimmung ist. Wenn jemand sich mit sehr steilen Thesen blicken lässt und man nicht offen widersprechen möchte, sagt man:»Also, wenn nicht Sie es sagen würden, ich würde es nicht glauben.«Diese Aufwertung interaktioneller Unehrlichkeiten – erst Schmeichelei, dann Takt –, kann man vielleicht mit Hinblick auf gesellschaftliche Veränderung interpretieren und sagen: Wenn die Oberschicht als Zentrum der Konfliktkontrolle für die ganze Gesellschaft entbehrlich geworden ist, weil an dieser Stelle das Recht oder die Politik sich behaupten, dann kann die Kommunikation in diesem Sinne freigegeben werden und man kann sich von Wahrheitsfanatikern zugunsten von Konfliktvermeidung gewissermaßen lösen und taktvoll kommunizieren, ohne Vorwürfe fürchten zu müssen.

Nassehi: Bis dato haben wir im Sinne Nietzsches über die Lüge und ihre Derivate im außermoralischen, also soziologischen Sinne gesprochen. Wir könnten nun versuchsweise einige Minuten nicht im außermoralischen, sondern im moralischen Sinne sprechen. Dann könnte man ja fast sagen, dass so etwas wie Takt eine ganz interessante Alternative zu der Form von Moral wäre, in der wir tatsächlich authentisch nach irgendwelchen moralischen Algorithmen das Richtige zu sagen haben. Wir könnten womöglich Formen in der Gesellschaft finden, in denen wir mit Differenz, mit dem anderen umgehen können, in denen wir das andere sein lassen können. Wäre Takt womöglich eine moralische Lösung für viele Konflikte in pluralistischen Gesellschaften auch außerhalb von Interaktionssituationen?

Kieserling: Ich bin mir nicht sicher, ob es auch außerhalb von Interaktionssituationen funktioniert. Ich würde fast umgekehrt sagen: Die Schrift und der Buchdruck erleichtern den Konflikt, weil die Rücksicht auf Anwesende wegfällt. Wir beide kennen ja die Texte über den Positivismusstreit. Ich finde daran interessant, dass einige davon für den Buchdruck geschrieben sind und andere den Vorträgen folgen. Wenn Adorno in Anwesenheit von Popper vorträgt, ist er unglaublich freundlich. Er ist auch in der Lage, den Standpunkt des Gegners einzunehmen, statt ihn zu verstümmeln, um ihn besser kritisieren zu können. In den reinen Texten aber, wenn die Interaktionsrücksicht wegfällt, haut er einfach drauf. Ich glaube, dass das kein Zufall ist. Man sieht daran vielmehr, dass die Interaktion normalerweise, wenn sie nicht durch Fernsehkameras gestört wird, diesen Zug hat, scharfe Kanten abzuschleifen oder Gegner dazu zu erziehen, mehr Verständnis füreinander zu zeigen als wirklich vorhanden ist. Sodass ich Takt für etwas halten würde, was zunächst einmal in die Interaktion gehört und durch schriftliche oder gedruckte Kommunikation abgebaut wird. Auch die öffentliche Diskussion, so wie Habermas sie beschrieben hat, war ja einmal so gedacht, dass die Leute einander nicht mit exklusiv richtigen Wahrheiten kommen, sondern dem jeweils anderen das Recht auf eine eigene Meinung konzedieren. Die Frage ist: Kann das von Schichtung abgelöst werden oder verschwindet es mit ihr? Ein anderes Problem sehe ich darin, dass es gerade im Bereich der öffentlichen, und das heißt heute natürlich der medienöffentlichen Diskussion gar keine Anschauung für eine taktvoll geführte Diskussion mehr gibt. Wenn man Leute nur deswegen zu Talkshows einlädt, weil sie als Gegner bekannt sind und damit sie ihre Gegnerschaft vor der Kamera fortsetzen, dann entsteht genau das, was du eben beschrieben hast: Jeder behauptet vom anderen, dass er lügt.

Nassehi: Aber wenn man ein wenig rekonstruiert, was in der öffentlichen Diskussionskultur in den letzten Jahrzehnten in der Öffentlichkeit stattgefunden hat an möglichen sagbaren Sätzen, dann würden wir ja, wenn wir das stark moralisch aufladen, viel von wachsender Toleranz, wachsendem Pluralismus, zunehmenden sozialmoralischen Lebensformmöglichkeiten sprechen. Vielleicht ist das ja die neue Fähigkeit, taktvoll zu sein, das heißt, von Dingen abzusehen in der Kommunikation, die psychisch womöglich da sind. Ganz konkret gesprochen: Man kann nach wie vor ein Gegner von Homosexualität sein, aber es zu kommunizieren ist mit größeren Kosten verbunden, als es das vorher war. Etwas Ähnliches finden wir in vielen anderen inhaltlichen Bereichen seit den 1970er-Jahren, selbst wenn derzeit verrohte Kommunikation in der Öffentlichkeit durchaus Chancen hat.

Kieserling: Ja, es gibt sicherlich eine angewachsene Fähigkeit des Dahin-gestellt-sein-Lassens. Vor allem in rollenspezifischen Kontakten kann es einem egal sein, wie die Leute ihr Privatleben handhaben, wenn im konkreten Kontext davon nichts abhängt. Und zugleich gibt es auf dieser Ebene auch eine gut funktionierende Geheimhaltung. Wenn man die Parsons-Unterscheidung von spezifisch und diffus hier miteinbezieht, dann sind rollenspezifische Zusammenhänge ja solche mit robusten Frageverboten. Also, wenn meine Studenten auf die Idee kämen, mich zu fragen, wie ich mein Privatleben verbringe oder wie ich wähle, dann müsste ich darauf nicht antworten, weil schon die Frage selbst nicht legitim wäre. Hier wie auch sonst dient das Recht zur Geheimhaltung natürlich dazu, die offene Lüge zu ersparen, und sicher wirkt das in vielen Situationen als Schutz gegen moralische Erhitzung.

Nassehi: Ich würde gerne auf die Lebenslüge zu sprechen kommen. Hast du eine?

Kieserling: Auch das ist natürlich eine Frage, die nicht legitim ist. Außerdem wäre die Antwort darauf nicht leicht zu finden, denn wer kennt schon sein eigenes Unbewusstes? Da müsstest du vielleicht nicht mich, sondern einen Therapeuten fragen – und der würde bestimmt eine finden! Es ist ja sozusagen eine Urerfahrung des sozialen Kontaktes, dass man an dem anderen sieht, was er sieht und was er nicht sieht. Ich sehe jetzt zum Beispiel die Bücher hinter dir und ich weiß, dass du sie nicht siehst, aber ich sehe sie, und dir wird es umgekehrt genauso gehen. Es gehört mit zur Sozialität hinzu, dass die Grenzen meines Blickfeldes für den jeweils anderen objektiv werden. Das Thema Lebenslüge ist interessant, weil es eine eigene Version unseres Themas jenseits möglicher Moralisierung anbietet. Man wählt die Lebenslüge ja nicht, sie stellt vielmehr eine Art von konstitutivem Knick in der Optik dar. Man sieht etwas Bestimmtes nicht, dafür vielleicht anderes umso deutlicher. Um diesen Knick zum Thema zu machen, braucht man eine soziale Situation, in der der eine den anderen auf Latenzen hin untersucht. Der eine sagt natürlich, du irrst dich, und der andere sagt, das bestätigt mir, dass ich recht habe, du leistest Widerstand. Das ist eine sehr moderne Technik, sich gegenseitig auf den Nerv zu gehen.

Nassehi: Der wichtigste Hinweis, den du gegeben hast, ist, dass eine Lebenslüge womöglich nicht explizit bewusst ist. Aus der Biografieforschung beziehungsweise der Therapieforschung wissen wir ziemlich genau, wie selektiv der Zugriff auf die eigene Vergangenheit erfolgt. Deshalb die Frage: Warum sprechen wir nicht einfach von einer selektiven narrativen Struktur der Erzählung des eigenen Lebens? Warum sprechen wir von Lebenslüge? Warum dieser starke Begriff?

Kieserling: Auch hier könnte man natürlich wieder gegen die Überschätzung der sprachlichen Einkleidung argumentieren. Soziologen sprechen statt von Lebenslüge von Latenz. Und von Lüge zu reden wäre ja vielleicht auch deshalb unangebracht, weil den Leuten mit Wahrheiten gar nicht gedient wäre. Die sogenannte Lüge hat als solche eine Funktion, und deswegen ist Wahrheit kein Äquivalent. In der Soziologie wird das ja nicht nur in Bezug auf Biografien aufgegriffen, sondern vor allem in Bezug auf soziale Systeme, die einen eigenen Latenzbedarf haben, und den kann man schonen oder umgekehrt durch Aufklärung durcheinanderbringen. Ich finde, es gehört zu unserem Thema dazu, weil es eine eigene Aufnahme der Thematik des Inauthentischen ist, aber jenseits der Möglichkeit, das mit Vorwürfen zu verbinden – außer vielleicht gegenüber dem Aufklärer, der sich nicht beherrschen kann und anderen ihre Lebenslügen wegzunehmen versucht, ohne sie adäquat zu ersetzen.

Nassehi: Das ist ein großes Problem der Aufklärer, dass deren Selektivitäten natürlich selten infrage gestellt werden, weil das auf Selektivitäten hinweist. Ich will unser Gespräch mit dem vielleicht schönsten Aspekt des Themas beenden, nämlich mit der Frage der Aufrichtigkeit oder der Inkommunikabilität von Aufrichtigkeit. Der Klassiker ist natürlich der schöne Satz »Ich liebe dich!«, bei dem Sagen und Meinen durchaus auseinandertreten können, ohne dass man das objektivieren kann. Ist Aufrichtigkeit oder Authentizität eine Kategorie, die überhaupt operationalisierbar ist?

Kieserling: Das geht ja zurück auf die Analyse der ungefragten Negation durch Freud: Wenn jemand etwa, ohne dass das vom Thema her zwingend wäre, immerfort behauptet, er sei nicht schwul, dann wirkt diese Negation gegen die Absicht. Man bekommt den Verdacht: Der hat an diesem Punkt irgendein Problem. Und mit der explizit mitgeteilten Aufrichtigkeit ist es ebenso – eine Ausnahme wäre das Gerichtsverfahren, in dem die Frage, ob die Leute aufrichtig sind, die Struktur der Situation vorgibt. Aber wenn man außerhalb solcher auf Aufrichtigkeitsprüfung sozusagen spezialisierten Systeme die eigene Aufrichtigkeit mitteilt, dann entsteht das, wofür wir im Deutschen das schöne Wort »Beteuerung« haben – man schwächt das Thema, statt es zu bekräftigen. Die Kommunikation geht nach hinten los, es werden Zweifel an der Aufrichtigkeit akut. Ganz ähnlich verhält es sich mit der Kommunikation von Qualität: Das Olivenöl heißt dann vielleicht »frisch« und »kalt gepresst« oder »original« und »naturbelassen«, aber je mehr dieser Anpreisungen man liest, desto mehr fragt man sich, auf welche Weise das Produkt denn nun vergiftet sein könnte. Das Vertrauen nimmt ab und nicht zu, wenn so aufdringlich kommuniziert wird, und kommunizierte Aufrichtigkeit ist in der Tat das klassische Beispiel dafür.

Nassehi: Das ist etwas Ähnliches, was die Psychologen den Othello-Effekt nennen, bei dem durch Beteuerung das Gegenteil dessen herauskommt, was man eigentlich sagen will. Zur Aufrichtigkeit gehört natürlich auch noch, dass wir unserer eigenen Aufrichtigkeit oder Authentizität erst gewahr werden, wenn wir diese Differenz von Sagen und Meinen tatsächlich an uns selbst wahrnehmen. In der Kindererziehung ist das ein spannendes Thema, dass wir den Kindern meistens abverlangen, dass sie aufrichtig sind, dass sie sagen, was sie denken. Andererseits dürfte es doch wohl eines der wichtigsten Sozialisationsereignisse sein, wenn Kinder das erste Mal merken, dass es zwischen Sagen und Meinen eine Differenz gibt und dass man damit etwas machen kann.

Kieserling: Ja, und sie merken es in dem Augenblick, wo sie an sozialer Differenzierung teilnehmen und zum Beispiel in der Schule oder vielleicht auch schon in der Kita Erfahrungen machen, von denen sie wissen, dass sie geheim gehalten oder auf Nachfrage unzutreffend präsentiert werden können. Das ist der eigentliche Sozialisationswert der Tatsache, dass das Kind nicht mehr in der Familie lebt wie in einer totalen Institution. Wir erziehen unsere Kinder natürlich dahin, dass sie zutreffende Antworten geben, aber sozialisiert wird man zum Schwindeln, und am Ende muss man natürlich beides können, und der Lernkontext fürs Schwindeln ist eben einfach die Doppelmitgliedschaft in zwei verschiedenen, mehr oder minder getrennten sozialen Kontexten.

Nassehi: Die Frage ist dann die: Wenn die Soziologen es besser wissen, müssen es womöglich ihre Kinder ausbaden? Aber das wäre ein anderes Thema. Vielen Dank, André, für das Gespräch.

Das Gespräch hat am 3. Januar 2017 per Skype zwischen Hamburg und München stattgefunden.

Claudia Pichler
Der Polt
Was Satire so überhaupts kann

Ab Januar 2018 soll der sogenannte »Majestätsbeleidigungsparagraf« in Deutschland endgültig außer Kraft gesetzt sein. Die Große Koalition will Paragraf 103 StGB, der die Beleidigung von Organen und Vertretern ausländischer Staaten unter Strafe stellt, abschaffen. Hintergrund ist das Strafverfahren, das Recep Tayyip Erdoğan gegen den Satiriker und ZDF-Moderator Jan Böhmermann 2016 angestrengt hat. Dieser hatte bekanntlich den türkischen Präsidenten in seiner Sendung »Neo Magazin Royale« mit einem »Schmähgedicht« verunglimpft. Böhmermann nutzte dazu einen gängigen Kunstgriff der Satire – den des uneigentlichen Sprechens. Seinen provokant-geschmacklosen Spottversen schickte er den Hinweis voraus, dass ein Gedicht dieser Art rechtlich in unserem Land nicht zulässig sei. Das schützte ihn zwar letztlich nicht vor der Einleitung eines Ermittlungsverfahrens der Staatsanwaltschaft gegen ihn, das aber ist wegen nicht nachweisbarer strafbarer Handlungen wieder eingestellt worden. Die Fälle sind rar gesät, in denen es Satire gelungen ist, ein mediales und politisches Echo dieser Dimension zu provozieren. Böhmermann beschwor den »Erdogate«; der im Jargon als »Schah-Paragraf« bezeichnete Gesetzesabschnitt wird nun wohl als »Böhmermann-Paragraf« in die Geschichte eingehen. Wer die Wirkmächtigkeit von Satire in einer liberalen Gesellschaft bezweifelte, wurde durch diesen Fall eines Besseren belehrt. Auch in einer pluralistischen Demokratie kann Satire noch zum Staatsakt werden.

Rund 30 Jahre vor Jan Böhmermann löste Gerhard Polt durch seine Auftritte immer wieder kontroverse Diskussionen und breite mediale

Resonanz aus – auch wenn es bei ihm nie bis zu einem Strafverfahren gekommen ist. 1981 zum Beispiel nutzte der Satiriker die ZDF-Liveübertragung der Verleihung des Deutschen Kleinkunstpreises dafür, sich für eine vorangegangene Zensur durch Redakteure des Zweiten Deutschen Fernsehens zu revanchieren. Aus seinem Manuskript für die Sendung »Einwürfe aus der Kulisse« wurden einige Passagen über einen vom damaligen Innenminister Zimmermann geleisteten Meineid kurzerhand gestrichen. Für diesen Eingriff rächte Polt sich bei seinem Auftritt als Preisträger im Mainzer Theater Unterhaus auf ganz eigene Art – und sagte einfach »nix«. Er ließ seine zehnminütige Redezeit weitgehend wortlos verstreichen. »I sag nix. Ehrlich, i sag nix. Naa, also nicht gar nichts, sondern nix, und zwar konsequent.«

Diese Aktion veranlasste das ZDF immerhin, in den Folgejahren von einer Liveübertragung der Preisverleihung abzusehen. Im Jahr darauf holte Polt bei einem Auftritt in einer »Scheibenwischer«-Sendung zusammen mit Dieter Hildebrandt und Gisela Schneeberger gegen den Bau des Rhein-Main-Donau-Kanals aus. Sämtliche Printmedien hatten sich im Vorfeld bereits mit den horrenden Kosten und mit den durch das prestigeträchtige Bauvorhaben drohenden Umweltschäden kritisch auseinandergesetzt. Und dennoch schlug diese satirisch-bissige Glosse spektakuläre Wellen der Entrüstung und brachte dem Autorenteam neben dem Grimme-Preis in Silber heftigste Reaktionen und Vorwürfe aus dem Kabinett Strauß ein, das in dem Auftritt einen Akt der »verleumderischen und bösartigen Ehrabschneidung« zu erkennen meinte. Verhindern konnten die Satiriker den »Alfons-Goppel-Prestige-Tümpel« allerdings damit nicht.

Polts provokante mediale Aufreger liegen weit zurück, heute sind derartige Skandale die Ausnahme – siehe Jan Böhmermann, ein Fall, der daran erinnert hat, was durch Satire möglich ist. Der Erfolg jedoch, den Gerhard Polt mit seiner Kunst hat, ist bis heute ungebrochen. Nach wie vor füllt der mittlerweile zur Kultfigur avancierte Bayer Säle, Theater und Bierzelte zwischen Göteborg und Zürich, zwischen Brüssel und Wien. Was aber macht seine Beliebtheit heute aus? Verwaltet er nur mehr den Erfolg seiner Ideen von einst oder erzielt seine satirische Kunst auch ohne Paukenschlag ihre Wirkung?

Polt hat in seinen mehr als 40 Jahren Bühnentätigkeit eine originäre Kunstform geschaffen, er bietet Unterhaltung, aber auch die satirische Königsdisziplin der Selbstreflexion gleichermaßen an. Bayerische Raprebellen wie BBou und Liquid lassen sich von ihm ebenso inspirieren, wie sich das bildungsbürgerliche Publikum in den ehrwürdigen Münchner Kammerspielen von ihm unterhalten lässt. Burschenvereine und freiwillige Feuerwehren auf dem Land wollen ihn genauso engagieren wie traditionsreiche Kabarettinstitutionen wie die Leipziger Pfeffermühle. Auch SPD-Wahlkämpfer fragen an, sogar für CSU-Events scheint er begehrt – solche Anfragen sagt er aber in der Regel ab.

Kann man sagen, dass Sie bayerische Themen behandeln?
Polt: Naa, des woaß i ned. Mir geht es nicht um ein bayerisches Thema an sich, sondern mir geht es darum, dass ich ja nicht als Norddeutscher schreiben kann oder als Österreicher oder als Schweizer, weil ich das nicht bin. Sondern ich kann ja nur als der beschreiben, der ich bin, mit den Möglichkeiten.

Was machen diese Möglichkeiten aus?
Polt: Na ja, ich kenne eben das hiesige soziale Gefüge am besten, die Sprachdiktion, das Empfinden und dieses Selbstwertgefühl. Und wenn ich etwas besser kenne, dann kann ich auch die Nuancen besser herausarbeiten, die Zwischentöne. Die kann man am besten erfassen, wenn man sozusagen wie der Fisch im Wasser wo daheim ist.

Wie viel denken Sie darüber nach, warum das funktioniert, was Sie machen? Oder machen Sie das nur aus dem Gefühl heraus?
Polt: Du kannst ja die Reaktion nicht unbedingt planen. Das ist auch das Schöne dabei, du erzählst etwas, was dich selber interessiert, und gehst davon aus, dass das andere Leute auch interessiert. Wenn es sich jetzt um einen satirischen Abend handelt, musst du dem An-

spruch gerecht werden, eine gewisse Komik zu erzeugen, du schilderst dann eben komische Situationen, die bizarr sind, manchmal grotesk, natürlich manchmal sogar grausig. Aber sie haben eben einen Unterhaltungswert, sonst brauchst du sie gar nicht erzählen. Komik bietet die große Möglichkeit, Menschen auf ein Thema zu bringen. Du kannst sie mit Komik an etwas heranführen, sie anspitzen.

Besteht dabei auch die Hoffnung, dass Satire nachhaltig etwas bewirken kann?
Polt: Ach, die berühmte Frage nach der Wirkung. Was soll ich denn bewirken? Es ist ja schon viel bewirkt, wenn Menschen da zwei Stunden reingehen und sich amüsieren. Und ob das, was sie sich da an Eindruck mit heimnehmen, ob das ihr ganzes Leben lang bestimmend ist oder bloß bis zum nächsten Glas Bier, darauf hin hab ich keinen Einfluss.

In Polts Werk, das in seiner Formvielfalt Theater, Film, Hörspiel, Lausbubengeschichten und Kleinkunstabend bedient, lassen sich Elemente aus der Theatertradition von Ödön von Horváth oder Bertolt Brecht ebenso finden wie Anknüpfungspunkte an die Tradition eines Sprachskeptikers und -komikers wie Karl Valentin oder an bayerische Erzähler wie Oskar Maria Graf und Ludwig Thoma. Diese Linien und Versatzstücke vereint Polt zu einer Kunst ganz eigener Prägung. Er braucht kaum Requisite, wirkt allein durch Statur und Idiom, seine Bühnenpräsenz ist das eindeutig stärkste Mittel seiner Performanz. Verbindend und kennzeichnend ist seine subversive und doppelbödig-bissige Art der Satire, auf die der Zuschauer sich einlassen oder eben sich von ihr auch »nur« unterhalten lassen kann.

Auch Angebote für Auftritte zu Werbezwecken lehnte Gerhard Polt immer ab. Eine Ausnahme blieb hier sein Vortrag anlässlich der Vorstellung des Oktoberfest-Maßkruges 2010, wofür er seine bereits bekannte Rede mit dem Titel »Transparenz« aufbereitete. Dafür schlüpfte er in die Rolle eines passionierten Biergartenbesuchers, der vom Gebrauch eines Steinkrugs dringend abrät und entschieden für den Glaskrug plädiert. Denn nur der Glaskrug lasse vor dem Trinken einen eventuell im Bier befindlichen »Gschlader« vom Vorbenutzer des Kruges noch rechtzeitig erkennen und herausfischen. Er selbst habe erlebt, was einem mit einem Steinkrug passieren kann, und versetzt seine Zuhörer in Schauder des Grausligen: »Und dann ist mir dieser mir unbekannte Schleim Millimeter für Millimeter, verstehen Sie, wie eine Schnecke, langsam, zäh, meinen eigenen Hals hinuntergekrabbelt. Und das zieht sich natürlich, bis der unten ankommt. Ich stand der Sache machtlos vis-à-vis.« Er – der Autor der Szene – kostet es ganz offensichtlich aus, die diversen Varianten des »Lungenherings« seinem Publikum in schönster Anschaulichkeit auszumalen. Hier Ekel, da peinliches Berührtsein – seinen Zuhörern bleibt nichts erspart. So lässt seine ausufernde Schimpftirade aus der Szene »Longline« in dieser Hinsicht nichts zu wünschen übrig: »Du Amsel, du blöde! Du blödes Grachal, sag i, du Matz, du verreckte, hoit dei Fotzn, du Schoaßwiesn, du mistige, du Schoaßblattern, du Brunzkachl, du ogsoachte, so was wie du ghert doch mit der Scheißbürstn nausghaut!«

Schimpfen die Bayern besonders schön?
Polt: Interessant ist doch, wie Schimpfwörter entstehen. Es gibt Leute, die nur stereotype Schimpfwörter benutzen wie »Arschloch« oder »Idiot«. Früher war es üblicher, dass man viele verschiedene Schimpfwörter benutzte, um sich die Freude des Schmähens zu steigern. Nicht nur Schimpfwörter kommen zum Einsatz, es werden unwürdige Situationen beschrieben, in die der andere geraten soll. Dass er in der Odlgruam dasaufa soi und so weiter.

Also das Beschreiben und Auskosten der Hölle für den anderen.
Polt: Das hat man früher viel stärker gemacht. Das kennen die Leute heute gar nicht mehr, da haben sie keine Zeit dafür. Früher haben sich die Leute viel mehr Zeit genommen, das habe ich noch in den Wirtshäusern erlebt. Wenn die Leute wirklich einen dick gehabt ha-

ben, den gefressen haben, dann haben sie sich belustigt und amüsiert darüber, was dem alles widerfahren müsste.

Sich alles genau ausgemalt.

Polt: Ja genau, ausmalen. Das sind Situationen, die vollkommen absurd sind. Aber wenn sie getaugt haben, um die Freude am Schmähen zu steigern, hat man sie produziert.

Im zitierten Sketch »Longline« geht es um einen selbst ernannten »Tennisfreak«, der zunächst bemüht ist, sich ganz weltmännisch-souverän zu geben: »Ich schau mir alles an, ob das Australian Open is oder New York Open, Filderstadt Open, BMW Open, nicht wahr, Bayern Open, mir kann's nicht *open* genug sein.« Er versteigt sich schon mal bis ins Sakrale beim Versuch, die Bedeutung von Wimbledon klarzumachen: »Für den Tennisfreak is Wimbladon, was für den Katholiken Altötting is.« Seine so begeisterten wie letzten Endes doch unbeholfenen Ausführungen über die Welt des Tennis sind durchsetzt mit bayrisch prononcierten Anglizismen (»Wimbladon it's a mast«), es spricht der Experte, der in eben dieser Welt zu Hause ist: »Leute, die sich Tennis in Wimbladon anschaun … das sind Connaisseure … das sind *nobles! Aristocratic!* – keine Krattler wie in Deutschland.« Der arme Kerl zeigt das verzweifelte »Hinschmecken-Wollen« an eine bessere gesellschaftliche Stellung, das ihm am Ende vollkommen entgleitet. Er hat sich im Verlauf der Szene derart selbst in Rage geredet, dass er seine Ambition für geziemte Sprechweise verliert und sich in erwähnter Schimpftirade Erleichterung verschaffen muss. Auch das Publikum verschafft sich Erleichterung – lacht mit, sogar wenn es sich womöglich selbst ertappt fühlt und deswegen nur umso heftiger lachen muss. So wie im Stück *München leuchtet* von 1983, in dem genau die Repräsentanten der Münchner Bussi-Bussi- und Baulöwen-Gesellschaft über die Persiflage ihrer selbst am lautesten lachten. Wiederkennung kann unterhaltsam sein, ob sie eine tiefer gehende Reflexion auslöst, bleibt eine andere Frage.

In dem Stück *Ekzem Homo* lässt sich ein Lokalpolitiker, in dem nicht zufällig der in die Sponsoring-Affäre verwickelte Miesbacher Landrat Kreidl anklingt, Champagner schlürfend über die Widrigkeiten seiner politischen Existenz aus. Kleingeistig, tief katholisch und reaktionär stellt er den Inbegriff eines CSU-Politikers dar. In einem Bundesland, das seit mehr als einem halben Jahrhundert von derselben Partei regiert wird, kann ein satirischer Angriff dieser Art durchaus von erleichternder Wirkung sein, er bietet eine Art Ventil, den Grant auf die Verhältnisse wenigstens einmal rauslachen zu können. Das Elend als solches bleibt. Als »CSU-Sammler« beispielsweise schwatzt Polt sich durch die skandalreiche Geschichte der CSU, streift dabei Strauß, Wiesheu, Stoiber und deren Amigos. Von Ausnahmen abgesehen aber wählt Polt selten die Strategie des Namedroppings, wie es für das politische Kabarett üblich ist. Ihm geht es um typisches Verhalten und verkorkste gesellschaftliche Strukturen, nicht um die Abarbeitung an einem Skandal.

Menschliche Schwächen und mit ihnen die Widersprüchlichkeit der menschlichen Existenz überhaupt auf die Bühne zu bringen – diese Fertigkeit beherrscht Polt in Perfektion. Seine Figuren sagen oft in voller Überzeugung das eine und tun gleichzeitig das andere. So wie der Tennisfreak »*correctness* im Verhalten« einfordert, um im nächsten Moment das Gegenteil – seine unflätige Beschimpfungskanonade – zu zeigen. Polt seziert die Alltagssprache regelrecht, lässt seine Figuren drauflosplappern und sich dabei um Kopf und Kragen reden. Dass sie sich selbst in ihrer ganzen Ambivalenz entlarven, merken sie nicht, wenigstens scheint es sie in keiner Weise zu stören. »Ich bin ein Pazifist. Ich bin gegen den Krieg. Aber wenn einer von diesen Ausländern da meine Enkelin auch nur anrührt, den schieß ich über den Haufen, so was hat der noch nicht erlebt.« Solche Kurzstatements treiben den offenen Widerspruch von Denken und Handeln auf eine den Zuschauer beinah quälende Spitze. Wie auch in seinen Anni-Sprüchen, mit denen er ein ganzes, von Ressentiments und reflexiver Anspruchslosigkeit geprägtes Universum von sinnfreier Schlaumeierei erschaffen hat.

»D'Anni hat gsagt, also, dass diese Frau Mittermeier, dass die a so nachtragend ist. Des, sagt sie, des vergisst sie ihr nie.«

»D'Anni hat, äh, auch gsagt, also die Anni sagt, ähm, Englisch, äh, ist doch heutzutage keine Fremdsprache mehr. Sie selber sagt's, also, sie spricht's zwar nicht, net, aber heutzutage spricht's doch fast a jeder.«

»D'Anni hat gsagt, der Neger an und für sich is a gutmütiger Kerl, bloß reizen darf ma' net, weil, sonst wird er unberechenbar.«

»D'Anni hat gsagt, sie sagt überhaupt nix mehr, weil sie weiß nicht, was sie dazu noch sagen soll.«

Die Ambivalenz der menschlichen Existenz ist es, die den Menschenfreund Polt interessiert. Seine Figuren sind deshalb so einnehmend, weil sie stets einen authentischen Kern haben. Er verleiht ihnen eine ganz persönliche Sprache, Mimik und Gestik, die einen hohen Wiedererkennungswert garantiert. Man meint, die von Polt so pointiert erfassten Typen genau so schon einmal erlebt zu haben.

Welche Rolle spielt Authentizität bei Satire?
Polt: Ich leg jetzt nicht immer Wert auf die reine Authentizität, aber eine gewisse Plausibilität muss etwas schon haben, und die kann man nur erreichen, wenn man sich nicht alles total aus den Fingern zuzelt. Wenn du etwas unterstellst, muss die Unterstellung zumindest plausibel sein.

Neben ihrem authentischen Kern weisen Polts Gestalten immer auch eine sympathische Seite auf – was nicht zuletzt an der Person Polt und ihrem Auftreten liegen mag. Seine Figuren wirken offenherzig bis naiv, eher gemütlich bis arglos – zumindest bis zu dem Zeitpunkt, an dem sich ihre innersten Abgründe schonungslos offenbaren. Polt stellt keine Monster aus, sondern höchst widersprüchliche Charaktere, die schlicht abzulehnen oder zu verurteilen gar nicht so leichtfällt. Er versteht es, sein Publikum mit in die Verantwortung zu nehmen für das, was seine Figuren auf der Bühne von sich geben. Der Auftakt auf der Bühne erfolgt immer unmittelbar, Polt führt das Publikum mitten in eine Szene hinein, ohne einen konkreten Rahmen, einen Anfang, geschweige einen Verlauf anzudeuten. Eine klare Abgrenzung zwischen der Person Polt und der Kunstfigur gibt es nicht. Missverständnisse sind damit vorprogrammiert.

Kommt es manchmal vor, dass Leute aus dem Publikum Ihre Satire nicht verstehen?
Polt: Ja bestimmt, davon geh ich aus. Satire, Ironie oder Humor – das ist ja zum Teil ein Kokettieren mit dem Missverständnis oder mit der Doppelbödigkeit. Du nimmst die Ambiguität eines Begriffs, einer aufgeladenen Stimmung auf und stellst damit die Willkürlichkeit des Gesagten noch mal infrage. Es wär ja zu blöd, wenn der, der mit dem Missverständnis kokettiert, meint, er muss jetzt auch noch verstanden werden. Das muss man nicht, keineswegs.

Also das beunruhigt Sie auch nicht? Das Missverständnis gehört einfach dazu?
Polt: Natürlich, klar, zwischen Menschen ist das eben so. Das Missverständnis ist der natürliche Begleiter des Menschen, solang er lebt. Die Falschinterpretation, die gehört dazu wie der Tod zum Leben. Wie das Brot in die Brotsuppen.

Polt geht auf die Bühne, fängt an zu sprechen: »Ich meine ... klar! Du fragst dich schon, dass so etwas möglich ist. Dass es überhaupt solche Menschen gibt, aber die gibt's!« Von dieser Art des Einstiegs aus ist alles möglich, das Resümee eines Gemeinderats über das Feuerwehrfest, der Bericht über eine missglückte Weltreise oder der Vortrag eines chauvinistischen Autonarrs über die Vorteile seines Neuwagens und die Unzulänglichkeiten seiner Frau. Das Perfide an Polts Figuren ist ihr langsames Vorantasten. Behutsam nähern sie sich ihrem eigentlichen Anliegen, vorbei an Allgemeinplätzen und unter Einsatz rückversichernder Phrasen (»Du sagst as a, gell?«) holen sie durch vertraut klingenden Dialekt und sympathisch machende Harmlosigkeit das Publikum ins sprichwörtliche Boot, um es dann umso brutaler wieder abzuschrecken. Erst sind es nur Halbsätze, welche die eigentliche Gesinnung schon ahnen lassen, schließlich stellt sich Gewissheit ein: Mit dieser Person auf der Bühne möchte man nichts gemein haben. Unter dem Deckmantel der Banalität kommen hier Ungeheuerlichkeiten zur Sprache, werden inakzeptabelste Haltungen deutlich. Da entpuppt sich zum Beispiel in der Revue *Ekzem Homo*, das banale Daherreden eines Opas über die Erziehung seines Enkels, den »Bubi«, zum lupenreinen Demokraten als im Kern rechtslastige Propaganda: »Wenn wir Deutsche damals den Ersten Weltkrieg nicht verloren hätten, dann hätte es den Zweiten nicht mehr gebraucht. Das sind Erkenntnisse, von denen zehre ich noch heute. Und ich versuch halt, dass der Bubi auch noch was davon hat.«

Polt: Ich glaube, in jedem Menschen ist ein Geheimnis. Etwas nicht zu Definierendes. Und das ist seine Freiheit, dass er irgendwo sich selbst und anderen gegenüber ein Geheimnis ist. Es ist immer noch was da, was man nicht mit Bestimmtheit sagen kann, sondern nur mit Wahrscheinlichkeit. Also es scheint, wahr zu sein. Und dieser Schein kann trügen.

Polt hat eine Kunstform geschaffen, die es ihm erlaubt, auch in einer diffuser und komplexer werdenden Welt die Widersprüche im menschlichen Verhalten und Denken freizulegen. Er hilft, (wieder) zu erkennen, ohne dabei ein erklärendes Wort verlieren zu müssen.

Durch die globalen Vernetzungen ist es heute relativ schwierig, politische Ereignisse konkret an Personen oder Parteien festzumachen. Macht das die Zeiten für einen Satiriker schwieriger als beispielsweise in der dualistischen Weltordnung der 1980er-Jahre?

Polt: Das müsst ich mir genau überlegen. Die Frage müsste man eher stellen: Was macht der Satiriker eigentlich? Ein Satiriker versucht von einer Perspektive aus, eine Realität zu betrachten und sie aus seinem bestimmten Blickwinkel, mit anderen Realitäten verglichen, einzuordnen. Natürlich ist Ironie dabei ein durchaus wichtiger Faktor. Aber auch eine gewisse Kenntnis. Ich vermute, dass sich die Situation insofern verändert hat: Sich ein Wissen von bestimmten Vorgängen anzueignen, ist zeitraubend. Man weiß nicht einfach was, sondern man muss sich ja manchmal um diese Informationen bemühen. Jetzt wenn du versuchst, eine bestimmte Wirklichkeit, die du gut kennst, weil du dich damit länger beschäftigt hast, in einer satirischen, humoristischen oder ironischen Form anzubieten, dann können sich am besten natürlich die freuen, die Mitwisser sind. Wenn sie es nicht sind, dann lachen sie vielleicht auch, aber die Tiefe der gezeigten Realität ist schwer nachvollziehbar, weil es einfach komplexe Themen sind. Die Geschichte des politischen Kabaretts im deutschsprachigen Raum hat begonnen, indem intellektuelle Menschen für intellektuelle Menschen Kabarett gemacht haben. Das Publikum war auch ein intellektuelles Publikum. In den 1970er-Jahren hat sich bei uns, speziell in Bayern dann eine andere Tradition entwickelt, die ihre Vorläufer in den Brettl-Künstlern hat, die keine Intellektuellen waren, die eigentlich kein Kabarett gemacht haben, aber die eben, die aber soziologische Phänomene, Menschen, ihr Verhalten und Verhaltensmuster beschrieben haben und auf die Bühne gebracht haben. Das war nicht als dieses intellektuellere Kabarett gedacht, was voraussetzt, dass du wirklich tagespolitisch sehr gut informiert bist, dass du das alles kennst.

In dieser Tradition stehen Sie ja bis heute. Aber was hat sich verändert?
Polt: Durch die Möglichkeiten, uns über verschiedenste Medien zu informieren, wissen wir heute wesentlich mehr. Wir können uns sofort über sämtliche Orte, über alles, was die Welt bestimmt, informieren. Diese schnellen und vielen Möglichkeiten der Information

aber beeinflussen natürlich die Frage: Wie gehe ich damit um? Was kann ich mit all den Informationen anfangen? Wem kann ich damit was erzählen? Welches Thema hat eine gewisse Haltbarkeit? Auch noch eine Frage – jetzt geh ich fast ein bissl zu weit –, aber das hat mich sehr interessiert. Da gibt es den Theaterregisseur Peter Stein, den haben sie mal gefragt:»Was glauben denn Sie, wie geht das weiter mit dem Theater?« Und da hat der zur Antwort gegeben, und das hat mir sehr gut gefallen, er hat gesagt:»Wissen Sie, wenn Sie ein Theater schreiben, was brauchen Sie? Konzentration. Wenn Sie eines inszenieren, was müssen Sie haben? Konzentration. Die Schauspieler müssen sich konzentrieren, jeder muss konzentriert sein. Und die Zuschauer müssen sich auch konzentrieren. Und ob die Menschen in der Zukunft diese Konzentrationsfähigkeit noch haben, davon hängt ab, was wir für ein Theater haben werden.« Und so gilt das eventuell auch für Humor und für Satire. Wie konzentriert sind wir noch? Und auf was und wie? Und das wird zur Folge haben: Was kann man reflektieren und wie? Und das wird mitbestimmend sein.

Die Autoren

Fritz Breithaupt, geb. 1967, ist Professor für Germanic Studies und Kognitionswissenschaften an der Indiana University (Bloomington). Zuletzt erschien *Die dunklen Seiten der Empathie.*

Peter Felixberger, geb. 1960, ist promovierter Soziologe sowie Mitherausgeber des *Kursbuchs*, der kursbuch.edition und der Zeitschrift *enorm.* Er arbeitet als Programmgeschäftsführer der Murmann Publishers sowie als Publizist und Medienentwickler. Zuletzt erschien *Deutschland. Ein Drehbuch* (zusammen mit Armin Nassehi).

Matthias Hansl, geb. 1983, promoviert an der Ludwig-Maximilians-Universität München über die Intellektuellengeschichte der Bundesrepublik Deutschland.

Ludger Heidbrink, geb. 1961, ist Professor für Praktische Philosophie an der Christian-Albrechts-Universität zu Kiel. Zuletzt erschien *Handbuch Verantwortung.*

André Kieserling, geb. 1962, ist Professor für Soziologie an der Universität Bielefeld. Zuletzt erschien *Selbstbeschreibung und Fremdbeschreibung.*

Martin Kolmar, geb. 1967, ist Professor für Volkswirtschaftslehre, insbesondere Mikroökonomik, an der Universität St. Gallen (Schweiz). Zuletzt erschien *Grundlagen der Wirtschaftspolitik* (zusammen mit Friedrich Breyer).

Alexander Lorch, geb. 1982, ist wissenschaftlicher Geschäftsführer des Kiel Center for Philosophy, Politics and Economics an der Christian-Albrechts-Universität zu Kiel. Zuletzt erschien *Freiheit für alle. Grundlagen einer neuen Sozialen Marktwirtschaft.*

Jan-Werner Müller, geb. 1970, ist Professor für Politische Theorie in Princeton und derzeit zudem Visiting Fellow am Institut für die Wissenschaften vom Menschen in Wien. Zuletzt erschien *Was ist Populismus?*

Armin Nassehi, geb. 1960, ist Professor für Soziologie an der Ludwig-Maximilians-Universität München. Zuletzt erschien *Deutschland. Ein Drehbuch* (zusammen mit Peter Felixberger).

Sabine am Orde, geb. 1966, ist innenpolitische Korrespondentin der *taz.* Ihre Arbeitsschwerpunkte sind Rechtspopulismus und Islamismus.

Claudia Pichler, geb. 1985, ist freie Autorin und Herausgeberin und promoviert derzeit an der Ludwig-Maximilians-Universität München in Neuerer deutscher Literatur zum Thema »Fremdheit bei Gerhard Polt«.

Cord Riechelmann, geb. 1960, ist Biologe und Publizist und lebt als freier Autor (unter anderem *FAS* und *taz*) in Berlin. Zuletzt erschien *Krähen. Ein Portrait.*

Walter Schels, geb. 1936, lebt als Fotograf in Hamburg. Bekannt wurde er durch seine fotografischen Charakterstudien von Prominenten aus Politik, Kultur und Geisteswelt, aber auch von Tieren.

Gerhard Waldherr, geb. 1960, ist Publizist und Weltreporter. Er arbeitete bereits für führende Tageszeitungen und Magazine, unter anderem für *Süddeutsche Zeitung*, *stern* und *brand eins.*

Barbara Zehnpfennig ist Professorin für Politische Theorie und Ideengeschichte an der Universität Passau. Zuletzt erschien *Die Prägung von Mentalität und politischem Denken durch die Erfahrung totalitärer Herrschaft* (zusammen mit Hendrik Hansen).